"金课"建设《展示设计基础》阶段成果　编号：KC20 210 321

新时代背景下博物馆展示空间设计研究

彭赟　张小玲　著

吉林科学技术出版社

图书在版编目（CIP）数据

新时代背景下博物馆展示空间设计研究 / 彭赟, 张小玲著. -- 长春：吉林科学技术出版社, 2022.8
ISBN 978-7-5578-9527-3

Ⅰ. ①新… Ⅱ. ①彭… ②张… Ⅲ. ①博物馆－陈列设计－研究 Ⅳ. ①G265

中国版本图书馆CIP数据核字(2022)第115955号

新时代背景下博物馆展示空间设计研究

著	彭 赟 张小玲
出 版 人	宛 霞
责任编辑	管思梦
封面设计	优盛文化
制 版	优盛文化
幅面尺寸	170mm×240mm 1/16
字 数	210千字
页 数	198
印 张	12.5
印 数	1-2000册
版 次	2022年8月第1版
印 次	2023年2月第1次印刷

出　　版　吉林科学技术出版社
发　　行　吉林科学技术出版社
地　　址　长春市净月区福祉大路5788号
邮　　编　130118
发行部电话/传真　0431-81629529　81629530　81629531
　　　　　　　　　81629532　81629533　81629534
储运部电话　0431-86059116
编辑部电话　0431-81629518
印　　刷　定州启航印刷有限公司

书　　号　ISBN 978-7-5578-9527-3
定　　价　78.00元

版权所有　翻印必究　举报电话：0431-81629508

前　言

博物馆是展示人类文明的窗口，人类历史文化精华都聚集于此。博物馆运用自己的艺术语言，营造出与展览主题相统一的氛围，诠释出历史文化精髓的深刻内涵，让每一位参观者都能在高雅艺术氛围中领略人类历史文化的光辉遗产。

空间是展览设计的灵魂，展览活动需要传达的信息必须通过空间展现在参观者面前。博物馆展览空间设计已经发展成为现代科技成果的综合体现，它是一个内容丰富、涉及面广、随着时代的发展而越来越复杂的表达手段。就展示环境本身而言，合理的空间设计是影响展示设计艺术效果的关键。换言之，展览空间的重要性在于让参观者能够从多角度学习和沟通。因此，一个成功的展览应该给予参观者一种真正的历史感和反思，让他们能够研究并发现一些新的和更有价值的东西。

本书共包括五章，由彭赟、张小玲合著，其中绪论、第一章、第二章、第三章由彭赟撰写，共约 16 万字符；第四章和第五章由张小玲撰写，共约 15 万字符。第一章对博物馆展示空间设计进行了概述；第二章论述了新媒体技术与博物馆展示空间设计；第三章论述了基于数字媒体技术的博物馆展示空间设计；第四章论述了虚拟现实技术在博物馆展示空间设计中的应用；第五章论述了增强现实技术背景下博物馆数字化视觉再现的设计。全书理论与案例兼具，图文丰富，深入浅出，方便读者理解。

由于出版时间紧促，书中难免存在不足，恳请广大读者批评指正。

目 录

绪 论 / 1

第一章 博物馆展示空间设计概述 / 15

第一节 博物馆展示空间基本认知 / 17
第二节 博物馆展示空间设计的原则 / 23
第三节 博物馆展示空间的展示方式 / 25

第二章 新媒体技术与博物馆展示空间设计 / 37

第一节 新媒体技术的基本理论 / 39
第二节 新媒体在博物馆展示设计中的功能性分类 / 44
第三节 博物馆展示设计中新媒体应用的需求分析 / 49
第四节 博物馆展示设计中应用新媒体技术的优势与原则 / 55
第五节 博物馆展示空间中新媒体技术的价值体现 / 59
第六节 新媒体技术在博物馆展示空间中的艺术表达 / 61

第三章 基于数字媒体技术的博物馆展示空间设计 / 71

第一节 基于数字媒体技术的博物馆展示空间设计基本解析 / 73
第二节 基于数字媒体技术的博物馆展示空间的形式建构 / 90
第三节 基于数字媒体技术的博物馆展示空间的环境营造 / 112

第四章 虚拟现实技术在博物馆展示空间设计中的应用 / 131

第一节 博物馆应用虚拟现实技术的必要性 / 133
第二节 博物馆中虚拟现实展示项目的设计要素 / 135
第三节 博物馆中虚拟现实展示项目的设计策略 / 153

第五章 增强现实技术背景下博物馆数字化视觉再现的设计 / 169

第一节 博物馆数字化视觉再现模式分析 / 171

第二节 增强现实技术背景下的博物馆数字化视觉再现发展趋势分析 / 177

第三节 增强现实技术背景下的博物馆数字化视觉再现设计原则 / 180

第四节 增强现实技术背景下的博物馆数数字化视觉再现的
设计方法与流程 / 182

参考文献 / 189

绪 论

中国特色社会主义进入新时代，博物馆事业也要有新气象、新作为。文物是历史的"活化石"，是传承文化最好的物质载体，生动地体现着祖先创造的优秀传统文化，蕴含着古人的思想观念、人文精神、道德规范。加强文物的保护传承，可以为中国人培根铸魂，增强文化自信。党的十九大以来，党中央不断强调文化的创造性转化和创新性发展，让文物"活"起来，发挥出更大的价值。博物馆作为收藏文物的主要场所，在这方面责无旁贷，应广泛探索让文物发挥更大作用的方式、方法。

当下，信息技术广泛介入博物馆运营之中，为博物馆带来了颠覆性的技术革命。故宫博物院率先将信息技术应用在文物管理之中，用电脑登编文物信息的方法取代了传统人工纸质登编方法，不仅提高了文物管理的工作效率，还可以让非工作人员在移动终端上查到馆藏文物的具体信息，极大地实现了文物信息公众共享。只有让文物从历史、从研究中走出来，"脚踏实地"地走入人民群众的心中，而不仅仅是陈列在展柜中供人瞻仰，文物才会发挥出它最大的价值。

随着人们对知识深度的渴求和了解，博物馆会越来越成为文化知识的生产者、时代风尚的见证者和先进技术手段的应用者。近年来，"互联网+"已经走进人们的日常生活，为了能充分发挥博物馆的功能，同时为了适应社会发展，移动端、二维码、VR、AR、人工智能等新兴技术纷纷被引入博物馆，其应用使博物馆文物的展览展示获得更多途径。博物馆应利用各种技术让参观者与文物互动起来，力求使古老文物在新时代焕发新的活力。

博物馆展示空间的表现形式在博物馆设计中起到了纽带作用。表现形式的多样性，不仅可以提高人们参观的积极性、主动性和创造性，还可以让人们在参观陈列之后受到教育、获得知识，同时得到一次艺术上的享受。近几年，博物馆展陈设计的表现形式重视信息传达、受众体验等，有了与以往不同的改变，更好地满足了人们对历史文化的需求。

在绪论部分，本书先简要介绍一下虚拟现实技术与增强现实技术的基本理论，以便读者更好地理解这些技术手段。本书在第四章与第五章会对二者在博物馆展示空间设计中的应用进行详细的论述。

一、虚拟现实技术

（一）虚拟现实的概念

VR 是虚拟现实（virtual reality）的简称，又被称为"虚拟实在""虚拟实镜""灵镜""临镜""赛伯空间"等，原来是美国军方用于军事仿真上的一种计算机技术，一直在美国军方内部使用。一直到20世纪80年代末期，虚拟现实技术——这个集中体现了计算机技术、计算机图形学、多媒体技术、传感技术、显示技术、人体工程学、人机交互理论、人工智能等多个领域的最新成果才受到人们的极大关注。

关于虚拟现实的概念，目前尚无统一的标准，有多种不同的概念，主要分为狭义和广义两种。狭义层面虚拟现实的定义，是指综合利用计算机系统和各种显示及控制等接口设备，在计算机上生成的可交互的，在三维环境中提供沉浸感觉的技术。由此，我们可以将虚拟现实看成是一种具有人机交互特征的人机交互方式，即可称为"基于自然的人机接口"。在此环境中人可以以与感受真实世界一样的方式来感受计算机生成的虚拟世界，并且有一种身临其境的感觉，即用户可以看到彩色的、立体的景象，可以听到虚拟环境中的声响，可以感受到虚拟环境反馈给用户的作用力。广义层面虚拟现实的定义，是将虚拟现实看成对虚拟想象（三维可视化的）或真实三维世界的模拟。它不仅仅是人机接口，更主要的是利用计算机技术、传感与测量技术、仿真技术、微电子技术等现代技术手段构建一个模拟虚拟世界的内部环境，使某个特定环境真实再现后，用户通过接受和响应模拟环境的各种感官刺激，与虚拟世界中的人或物进行交互，进而产生身临其境的感觉。

由此可见，"虚拟现实"这一术语包含了三个方面的含义：①虚拟现实是一种基于计算机图形学的多视点、实时动态的三维环境，这个环境可以是现实世界的真实再现，也可以是超越现实的虚构世界；②用户可以通过人的视、听、触等多种感官，直接以人的自然技能和思维方式与所投入的环境交互；③在操作过程中，人是以一种实时数据源的形式沉浸在虚拟环境中的行为主体，而不仅仅是窗口外部的观察者。

（二）虚拟现实的特征

依托现代计算机技术强大的运算分析能力，VR技术的三维建模功能可以在计算机平台上建立起一个涵盖"视、听、感、触"功能的多重感知环境，让人们在三维虚拟场景中得到与环境的有效交流和利用。

VR的沉浸交互感是指运用强大的计算机处理能力，"运算"出逼真的三维虚拟世界，从而在交互环节为用户提供与真实无限接近的交互感受，进而使用户在使用过程中达到沉浸式的交互感，避免陷入传统人机交互体验的枯燥、被动状态。依据这一定义，VR设备的功能要求可以具体划分为以下三个部分。

（1）计测系统。为了提升VR技术构建的三维空间的真实感与用户在使用过程中的交互体验，对各种用户动作和操作行为进行计量测算的传感器具有重要作用。

（2）模拟系统。全面的信息基础和多维度的信息呈现效果是保障虚拟现实真实度的重要保障性因素，这需要虚拟现实技术构建一个完备的模拟系统，为用户提供高质量的视听体验和交互效果。

（3）表现系统。虚拟世界的现实互动需要一定的动作行为命令作为支撑，以此在三维空间中实现动作与感觉的交互表现与相互影响。

（三）虚拟现实的类型

（1）桌面式VR系统（desktop VR）。这是以普通计算机设备或者图形工作站为基础搭建的一个虚拟体验视窗，因此这一类型中VR技术的运用也被称为窗口VR系统。在使用中，用户可以通过VR眼镜、接触手套等设备获得视窗系统给出的反馈，并与系统展开互动。

（2）沉浸式VR系统（immersive VR）。这一类型的VR系统通常使用封闭硬件设备，通过将使用者与外部世界隔绝开来，直接控制使用者的视觉、触觉、听觉以及嗅觉等身体感官特征，为用户提供最为直观和真实的交互体验。由于拥有完整的内容生态链条和强有力的空间构建能力，这一类型的VR系统往往可以通过与多种输入设备联合为用户打造高保真度的使用环境和使用场景。目前，这一类型的设备也是VR技术发展应用中最为成熟的设备类型。

（3）增强式VR系统（augmented VR）。增强式VR系统通过虚拟环境与现实场景的综合运用，实现两者在呈现效果和应用方式上的交叉与重合，实现现实世界与虚拟场景的结合，做到"虚中有实""实中有虚"，极大程度地增加了用户对现实世界环境的体验内容和使用感受。

二、增强现实技术

（一）增强现实技术概述

增强现实（augmented reality，简称AR），又称"扩增实境"或"扩增现实"，是一种有趣的新型技术形式，近年来已逐渐成为国内外研究的热点话题。经过几十年的发展，增强现实技术已经在商业、军事、医疗、教育、娱乐等领域得到了一定程度的应用。随着云技术、识别技术和定位技术的不断发展，增强现实技术将具有更大的发展潜力。

增强现实技术诞生于20世纪60年代，它是在虚拟现实的基础上发展起来的一种新兴技术。早在1960年，美国的莫顿·伦纳德·桑塔（Morton Leonard Heilig）成功研制了混合实境系统"Sensorama"，被认定为混合实境领域的思想引领者。1989年，杰伦·拉尼尔（Jaron Lanier）首次提出了"虚拟现实（virtual reality）"的概念。随着技术的不断发展，1990年，汤姆·考德尔（Tom Caudell）等人首次提出了"增强现实"的概念，即将电脑呈现的信息叠加到真实的环境中。1994年，多伦多大学工业工程系的保罗·米尔格拉姆（Paul Milgram）提出了从真实环境到虚拟环境的连续体的概念模型。他从宏观的角度解释了AR与虚拟环境和真实环境的关系，将真实环境和虚拟环境看作连续体的两端，其间的部分称作混合现实。在混合现实中靠近真实环境的部分称为增强现实，靠近虚拟环境的部分称为增强虚境。由此可见，增强现实比虚拟现实更加接近于现实。虚拟现实创建了一个完全虚拟的、与现实割裂的世界。无论在场景还是物体方面，虚拟现实创建的都是虚拟的内容，而增强现实将虚拟的信息叠加到现实世界中，创建了一个虚实结合的世界。在增强现实中，场景中的某些部分是存在于现实中的。1997年，阿祖玛（Azuma）提出了增强现实的三大特点，即虚实结合、实时交互与三维配准。在增强现实技术创设的场景中，虚拟物体以三维立体形式呈现。通过增强现实技术，用户能够真实地体验到叠加在真实环境中的虚拟信息，如图片、文字、声音、视频和动画等；同时，用户能够在真实的环境中与虚拟的三维物体进行互动。1998年，托拜厄斯（Tobias）等人将增强现实技术应用在可穿戴设备上，开发了新型地图导航系统。在此阶段，支撑增强现实技术的运行平台和显示设备都比较笨重，并且系统稳定性较差。从2000年开始，人们在这两大设备上进行了更多的研究。经过10年的不懈努力，到2010年，增强现实技术在运行平台方面，从成本高昂的桌面计算机或工作站逐渐转向成本较低的移动平台；在显示设备方面，从头盔显示器、立体眼镜逐渐向平板电脑或智能手机等移动终端转变。2013年，美国的Mitchlehan Media LLC公司开发了基于智能手机平台的AR Flashcards-Animal Alphabet教育游戏，它被评为2013年度最佳移动App。增强现实在计算机的显示与交互、网络的跟踪与定位等技术的基础上，将计算机形成的虚拟信息叠加到现实中的真实场景中，对现实世界进行补充，增强了人们在视觉、听觉、触觉等方面对现实世界的体验。

（二）增强现实展示的内容

视觉 AR 展示应用在展示内容上集中在增强现实可视化的两种信息层，这两种信息层在应用层面上大致分为两大类：叠加环境和注释导航。

1. 叠加环境

这种可视化方法主要用于将空间虚拟对象集成到 AR 场景中，用户可以和增强的虚拟物产生互动。典型的应用是建筑可视化，如重建的文化遗产建筑和虚拟人物模型。现有两种可能的相对立的可视化风格叠加应用在虚拟对象与真实环境之间。一种以非写实的方式显示，如单元格阴影或草图渲染，用以强调对象的人为印象，并创建与真实环境的高对比度。Candy Book 是一款集合多个 AR 项目的 AR 体验应用，它借助 AR 技术手段，结合创意 IP，在传统产品中注入深度体验，给用户以有情感的互动产品。涉及项目大多借助品牌 logo 的文化传播以及插画书籍包装等平面视觉元素进行动画化的传播。其中比较好玩的有以肯德基的 logo 为基础进行创作的 AR 项目。肯德基的 logo 图标的 AR 展示，用 Candy Book 对其进行扫描，会出现"需要下载肯德基 AR 项目资源包"的提示，下载完毕后，再对准 logo 扫描，手机中的肯德基老爷爷变得又萌又可爱，手机每扫描一次出现的肯德基老爷爷的形象都有所不同。通过采取与真实环境中不一样的风格，手绘插画风将肯德基 logo 萌化、卡通化，拉近了肯德基老爷爷与大众的距离，使其形象更亲民，进一步传播了品牌文化。另一种以非常逼真的方式显示对象，以创建对象与环境之间的无缝集成。德国增强现实公司 Metaio（2015 年被苹果公司收购）在 2014 年发布了一款名为时间旅行者（Time Traveler）的应用。用户使用智能设备对准柏林墙及其周边的位置，即可看到图片视频等相关历史资料叠加在现实世界里的柏林墙上，还可以在屏幕上看到被拆除的建筑物虚拟重建后的景象。当用户依据 GPS 的导航来到相应的历史遗迹之后，该应用就会切换到光学追踪模式，在这个模式下，它可以识别用户所持设备的摄像头当前对准的历史遗迹，然后很自然地显示与其相关的发生在 50 多年前的故事，或者播放相关的电影片段。用户可以目睹弗丽达·舒尔策慌忙从自己家的窗户跳下逃离的过程，还可以目击柏林墙被拆除的整个过程，以及看着边防官兵康拉德·舒曼（Conrad Schuman）跳过东西柏林之间的铁丝网障碍。非常逼真的、增强的虚拟物让人感觉仿佛自己亲身经历过一般，使游客的记忆更为深刻。

加拿大阿尔伯塔省的菲利普·柯里恐龙博物馆在 2015 年 9 月向公众开放了引入 AR 特效的恐龙展览。用户将平板电脑的镜头对准恐龙骨架，点击即可在屏幕上看到骨架被激活成一只"活"恐龙，还可以在恐龙周围添加虚拟的生态系统，如侏罗纪、三叠纪、白垩纪或泥盆纪的生态系统等。

无论采取哪种 AR 的展示方式，都必须确保实际的照明条件。否则，虚拟物体将与真实环境相对立，并破坏 AR 效果。

2. 注释导航

有时候开发者会遇到一个需要增强的兴趣点需要叠加多个不同的虚拟物。因为不同的虚拟物本身的视觉尺寸较大，如果都直接叠加在现实环境中，会影响用户对增强内容的选取，可能出现信息过载的风险。与叠加环境的方式不同，注释导航是基于现有的媒体，如图像、声音和视频，通过抽象图标直接附加在环境中的真实对象和兴趣点上。通过点击该图标，不同用户可以获取隐藏在该图标下的被增强内容的菜单，可以按照各自的需求来点击获取不同的被增强的内容，从而避免了 AR 展示应用使用时的信息过载。

此类注释导航最广泛的应用就是手机地图导航。2013 年，诺基亚公司在 WP 系统上发布了一款以 AR 为基础的移动地图导航应用——城市万花筒（City Lens）。这款软件刚一上市就对用户产生了眼前一亮的刺激。当用户打开这个应用时，手机内部的电子罗盘和 GPS 导航系统基于用户此时的位置信息，就会在手机上显示出当前城市定位附近的各种优秀商家推荐。当用户使用手机摄像功能拍摄一条街道时，该款应用程序会将信息层叠加在当前街道的表面，就会在屏幕上以便签的方式显示出其所在城市附近新鲜好玩的事物。屏幕上会标记出餐饮、酒店、娱乐等信息，标记的便签会依据地点由近到远而呈现出由大到小的变化。通过点击不同的位置标签，用户可以获得商家电话、营业时间、评论、抵达路线等详细信息。标签下隐藏信息的使用，避免了用户过于眼花缭乱而无从找到所需信息的不良体验。再远一些的位置地点用一个"+"图标来展现，点击"+"图标，"+"图标展开，屏幕上切换显示远处的位置景点信息。城市万花筒提供了一种全新的方式，让用户能够在使用手机相机的现实画面时发现身边的趣处。同时，此款应用也提供了在普通地图和 AR 地图之间来回切换的选项，满足不同人群不同情景下的使用需求。

（三）增强现实展示的特征

AR 技术作为交互展示技术的一种，也是多媒体展示设计的一种，其在与展示艺术的结合中主要表现出以下特征。

1. 交互性

每个人的行为都可能涉及交互性，不同学者对交互性的概念理解和定义差别很大。从玛丽亚·埃科诺穆（Maria Economou）的音乐角度来看，这是一种互动体验，是那些积极参与到访客的身体、智力、情感和社会的互动体验。现在有两个互补性观点提供了交互性的整体定义，此定义有助于理解交互性在 AR 展示效果中的作用。一是作为技术成果。强调技术特征重要性的研究员唐斯（Downes）将互动性定义为由所采用的技术特征或者技术使用户更容易与内容互补并参与到其中的能力。二是作为用户感知。这种观点认为交互性涉及用户的主观认知，侧重于引发交互感的个体特征。如果没有个人参与互动媒体的动机，就不能体验到互动的感觉。

AR 展示是将虚拟物叠加在真实环境中，以使访客获取更丰富的信息。访客观看展览本身就带有一定的求知欲，观看时肢体和眼睛会随着心脑的求知欲而进行移动。AR 技术具有实时处理并渲染出虚拟物体的功能，访客视角的变化会导致虚拟影像的仿真透视变化，使观者觉得虚拟物体是真实存在的。在访客心脑"求知"的过程中，AR 展示的交互过程随即完成，这是一个自然而然的过程。因此，AR 展示既有技术上的交互性，也有用户感知上的交互性。此外，这种信息的交互也是多向的，不只是展品对观者传递着信息，观者也对展品传递着信息，从而影响到其他参观者。只要佩戴同一设备观看同一个 AR 展品，其中一个参观者利用交互对其虚拟物作出改变，其他的参观者都能看到其变化。AR 展示的实时交互性，提高了参观者的积极性，在一定程度上促进了信息的交流沟通。

2. 生动性

生动性是指一种技术产生感官丰富的中介环境的能力。它结合了真实物体的感官体验和幻觉，这是虚构物体的非感觉体验。还有学者将这一概念标记为真实性、现实主义或丰富性。

在文化旅游教育产业中，生动形象常常被解释为展品展示的质量，更生动的展品展示更有可能刺激参观者的认知阐述过程。与交互性一样，生动性也有助于参观者在展览中建构对展品的认知，从而增强参观者对相关信息、体验等更长的时间记忆。从技术的角度来看，通过丰富深度来增强生动性指的是媒体用户感知的代表性信息的质量和广度，是通信媒体可以提供的感官维度的数量。一种向多感受体传递具有较高图像质量刺激的媒介应该产生更高的生动性。

最常见的 AR 展示是三维虚拟物的视觉展示，AR 通过叠加在真实环境中的三维虚拟物，使用户的视觉感官得到增强，丰富了视觉感知的能力。在此意义上，AR 技术具有"产生视觉感官丰富的中介环境的能力"。为了从技术上提高展示的生动性，AR 可以通过添加虚拟画面、声音、触感手套和气味来增强访客的视觉、听觉、触觉和嗅觉多种感官体验。例如，在遗址博物馆展示环境中，AR 可以操纵显示技术以产生伴随着更清晰的多维声音（更生动的音频）和最高分辨率（更生动的视觉体验）的产品图像，以此加深参观者对展品展示的核心体验记忆。

3. 沉浸感

论及沉浸感，人们都会想到虚拟现实，仿佛即刻就能感受到虚拟现实环境下的专注和深刻的关注。为了理解沉浸的概念，笔者查找了虚拟环境（virtual environment，简称 VE）中关于沉浸的代表性著作。

斯莱特（Slater）定义沉浸为一种可以从现实、感觉形态、视野和显示分辨率的刺激方面进行客观评估的显示技术；威默特（Witmer）和桑格（Singer）将沉浸的概念描述为一种心理状态，它被一种环境包围并与之交互，这种环境可以让用户获得连续的体验。前者强调技术本身，为用户提供沉浸感；而后者侧重用户沉浸在系统中的感受。

沉浸感则被定义为虚拟系统使用户感觉被虚拟刺激所吸引而参与和迷恋的程度，或者经历的一种从物理世界环境中阻挡刺激的感觉。其被认为是一种促进各种虚拟体验增强的中介。简单来说，成语"心无旁骛"描述的就是这种状态。依据用户注意力的集中程度，沉浸感可分为三个层次，分别是信息沉浸（初级沉浸，最为常见，沉浸程度很低，通常指信息收集层面的沉浸，如阅读文章、玩手机时不想被打扰等）、感官沉浸（中级沉浸，相对少见，沉浸程度随着器官接受刺激而加深，如一家网红店的食物听别人描述或者看图片宣传都不如自己尝过之后的体验来得深切）、大脑沉浸（高级沉浸，极为少见，全身心的细胞都觉得这个世界是真实的，如粉丝过度盲目地追星等）。

增强现实技术是虚拟现实技术的延伸，是一种用户在真实环境中注意到叠加的虚拟信息层的技术。相比较人们常见的信息沉浸，AR 展示主要通过丰富游览者的感官刺激加深沉浸感等级，最常见的 AR 展示是通过眼睛进行视觉交互，一些新的技术手段也调动了听觉、嗅觉等更多的感知器官。游客在参观 AR 展览时，AR 技术将虚拟信息和真实环境融为一体，游客自身大脑的认知告诉自己此时出现的虚拟物是不符合现实环境的，但是虚拟物和真实世界的叠加却相当真实、巧妙且有用，参观者内心被这种虚实结合展示技术给刺激到了，产生"现实世界就是如此""现实世界还可以如此神奇"的看法。在 AR 展示中被增强的对象是真实世界，用户开始迷恋"真实世界"，从而沉浸在"虚拟的真实环境"中。已有研究表明，沉浸感和互动性、生动性的共同作用使得在图像生成世界中存在的真实感增强，即远程呈现。当然，AR 展示的沉浸感是有限的。一旦游客认识到使用 AR（如计算机系统）存在的潜在技术限制，如响应慢（低交互性）和计算机图形质量差（低生动性），且这种技术限制没有消除，则 AR 展示的沉浸感就会减弱。

4. 新颖性

马赛蒂（Massetti）在操作上将新颖性定义为每个反应被评定为新的、独特的和不同的程度。伯林（Berlyne）等人认为新奇是新的或不寻常的刺激的综合属性，类似的新颖性的概念对应于当前思想与过去经验之间的区别程度，它包含了时间的作用。

新颖性最主要的作用是在信息处理中被发现的，这种被视为引起参观者注意的力量可以导致全神贯注的状态。人类对新兴刺激的心理反应似乎是天生的，因为很小的婴儿通常倾向于接受新的刺激。线索利用理论解释说，一个意想不到的或不寻常的感官刺激（如声音和场景）震动了人们的稳定认知流动，并导致他们经历一个高水平的觉醒。其结果是人们更多地关注焦点刺激而忽视其他刺激。相反，熟悉的刺激不提供影响个人认知过程所需的功能提示，从而导致低水平的觉醒，进而导致低选择性或低关注。换句话说，有过 AR 展示经验的参观者将 AR 视为更熟悉的刺激，因此降低了 AR 展示的新颖性效应。

最近 20 年，AR 技术虽然在飞速发展，却依旧存在多方面的技术难题，因此 AR 技术尚属于比较年轻的技术。技术年轻即代表还有很大的发展空间，在未来，AR 技术的每一次里程碑式的突破，并运用到 AR 展示上，都能给参观者带来不同程度的惊艳感受，以此持续保持 AR 展示的新颖性效应。

AR展示属于AR技术应用的一部分，对于AR搜索指数的解释同样适用于AR展示。至此，可以得出结论，AR展示的新颖性对人们的影响还将持续一段时间。

5. 艺术融合性

融合性，是指事物之间或事物内部要素之间在复杂的联系与作用中所具有的一种以趋同性为"中介"所连接的彼此相向和（或）彼此协调的"关系状态"与作用过程。简要来说，融合性就是不同事物之间相互趋同的一种特定关系或过程。其吸引特征可以从两个方面来理解：从状态方面来理解，吸引特征反映了融合性所具有的一种关系状态——事物之间的彼此相向和（或）彼此协调；从性质方面来理解，吸引特征揭示了融合性所具有的特质——事物的趋同性。这里所说的艺术融合性包含两个方面：一方面是AR展示与艺术语言的融合性，另一方面是AR展示自身的艺术性。

AR展示作为一种独特的传播媒介，将语言、文字、图像等信息代码通过AR技术进行扩大并延伸。

AR技术将虚拟内容叠加在现实生活中，在视觉方面的展示主要借助屏幕成像，由于其具有数字化的展示方式，丰富了AR技术的展现形式，能够将多种艺术表现形式融合在其中进行展示。叠加内容在形式上可以是三维模型、三维动画，也可以是图片、视频、文字、二维特效、二维动画等。这些表现形式还可以融合水墨质感、油画质感、水彩质感和剪纸等传统艺术语言。因此，AR技术与传统艺术之间具有很好的融合性。

AR展示运用声音、画面、气味、交互等手段营造一个虚实结合的"以假乱真"的环境，它不仅仅是在阐述、传播知识，更注重氛围的烘托，向用户传达一种情感，渲染一种感受。一旦用户和展示展品之间产生情感的共鸣，展示便不仅仅是展示，而成了一种享受，一种能够使用户产生愉悦感的艺术装置。例如，网易云音乐联合农夫山泉开发了一款音乐瓶，扫描瓶身上的图案，伴随着细腻柔美的音乐，人们的现实环境就会通过手机叠加上宇宙的星球，点击不同星球，会出现不同的"扎心"句子，沉浸在这样的环境中，难免会让人眼眶湿润。用户会不止一次地观看此AR，来达到心理上的满足，在此意义上，AR展示具有艺术融合性。

（四）增强现实技术的应用领域

AR技术在很多场合都可以体现出其对真实环境进行增强显示输出的特

点，下面对 AR 技术涉及的应用领域进行简单的介绍。

（1）军事领域。军事领域的应用在某种程度上是 AR 技术的开端与起源。美国海军研究所在很早的时候，便已经开始资助一些 AR 项目。利用 AR 技术，军队能够增强战场环境方面的信息。AR 技术能将虚拟的物体混合融入真实环境中，以此增加真实的作战环境。它还允许各个层级的指挥员在一起查看和讨论战斗情形，一起协同工作。

（2）医疗领域。AR 技术可以通过虚拟的 X 光将病人的内脏器官投影到病人的皮肤上，医生即可方便快速且精准地确定病人要进行手术的位置。此外，AR 技术也是刚进医院的实习医生练习手术操作的贴心帮手。用 AR 技术进行手术模拟时，医生的视线里还会显示出手术步骤以供参考。

（3）旅游和展览领域。游客在参观时，通过 AR 设备可以看到与展览品或者古建筑有关的更详细的信息说明。参观古迹时，可以通过三维虚拟模型与真实景点叠加来还原历史原貌；参观文物时，可以通过 AR 技术对破旧的或者被损坏的古物的残缺部分进行虚拟重构。

（4）视频录制领域。AR 技术可以对拍摄的视频流进行人脸识别，为视频流中出现的人脸叠加一些可爱、有趣的虚拟动画，提升视频的趣味性。现已有很多 App 推出了类似功能，如 Faceu 和 B612 咔叽等，深受年轻用户的喜爱。

（5）工业维修领域。对准零部件进行扫描，通过专用的头戴显示器设备，维修技术人员即可根据显示的虚拟信息找到损坏点，从而快速、准确地进行维修作业。

（6）地图导航领域。结合 LBS 基站定位技术的 AR 应用，可以实时为用户提供目的地的视觉导航，包含导航箭头、街道信息、地形和路况等交通信息，可将其投影到汽车挡风玻璃上实现 AR 应用。

（7）科技教育领域。利用 AR 技术可以将文本、图像、视频和音频叠加在教科书上，让学生在阅读的过程中用 AR 设备对准书籍，从而通过更加丰富生动的方式了解书中知识。例如，在化学课本中进行方程式实验的演示，或者在生物课本上显示植物光合作用的形象动态演示。

（8）游戏娱乐领域。游戏行业是所有新技术首先会涉足的行业之一。除了基于 LBS AR 的 Pokemon Go，基于头戴式设备的 AR 游戏形式被广泛看好。AR 可以让人忘记真实与虚拟之间的界限，通过体感交互语言与虚拟对象进行互动，充分体验 AR 游戏的沉浸感。

（9）商业广告领域。这是如今 AR 应用最广泛的领域之一。AR 所展示出的特效变化无穷，可以很好地达到吸引眼球和激起用户兴趣的作用，这与广告推销的目的不谋而合，最直接的应用方式便是虚拟试戴。虚拟试戴目前已经开始应用于珠宝、眼镜、手表、服装等行业，同时在美容、美发和美甲领域也出现了虚拟试妆应用。

（10）博物馆、纪念馆的教育性展示。通过使用 AR 技术，静止的古建筑或者文物"活了过来"，会自动用图文、语音或视频讲述相关的典故，让参观者能直观、快速、准确地获取信息，增强浏览体验。在上海中共二大会址纪念馆，游客通过穿戴 Holo Lens 眼镜，在特定场景识别扫描，可以在眼镜内部呈现一个虚拟导游和配合讲解的视频画面，通过 AR 技术的运用，展示的生动性、新颖性得到了充分体现，使游客印象更深刻。

（11）艺术馆舞台表演的艺术性展示。AR 技术可以改变艺术展览、舞台表演的交互方式，使参观者参与到艺术创作中，舞台演员也能与虚拟物互动呈现更有感染力的表演。此外，AR 技术还可以丰富艺术展览、舞台表演的视觉形式，允许物体或场所触发更多的艺术多维体验和对现实的解释。2013 年春节联欢晚会上，广大群众通过电视看到了节目《剪花花》的舞台效果，剪纸形式的"福"字及窗花都是利用 AR 技术生成的，AR 技术不仅提升了舞台设计的视觉效果，也增强了舞台表演的感染力。

（12）产品营销推广的商业性展示。产品营销推广是 AR 展示的强大舞台之一，AR 所带来的科技感、炫酷感都可以很好地吸引用户，达到宣传的目的，无形中也宣传了企业形象。用 AR 技术实现家具的任意摆放是其典型应用之一。宜家 AR 应用"IKEA Place"使用场景，消费者可以使用移动设备把所选的模拟家具放置在自己的房间内，从而更方便地测试家具的尺寸、风格、颜色和位置等。

宝马公司在 2015 年进行的 AR 发布会上，对汽车零部件的展示就是利用 AR 实现的。发布者可以对汽车上的虚拟零部件任意进行旋转、缩放、移动等操作，参观者在体验到新科技的同时，也更易理解新产品的独特之处。

从 AR 技术丰富的应用领域可以看出，AR 对未来人们的生产方式和社会生活将产生巨大的影响。AR 是一种新型交互展示技术，AR 展示在展示过程中将 AR 技术作为展示艺术的一种手段，它是辅助展示艺术的一种技术。

第一章　博物馆展示空间设计概述

第一节　博物馆展示空间基本认知

一、博物馆展示空间规划设计的概况

1974年，国际博物馆协会明确地将"博物馆"一词定义为，一个不追求盈利并服务于社会和社会发展的公共常设机构，并将人类及其环境数据的收集、保存和研究视为其基本职责，为公众提供学习、教育、审美的契机。博物馆的功能、形式和内容不断发展变化，不仅有利于为文化遗产保护提供支持，也能够起到传播自然信息的作用，这种变化与人类社会、经济和文化的发展紧密相连。博物馆是文化发展过程中的重要宝藏。博物馆展示设计的根本目的是让参观者在有限的时空中最有效地接收展览展示所要传达的主题信息。合理的展示空间规划设计是其中至关重要的一部分。

博物馆展示就是将要展示的内容在特定的展示环境中通过一定的手段和方式进行展示陈列。展示工作的开展要依托展示空间的设计，展示空间是参观者与展品沟通的媒介，是博物馆设计的主体。博物馆设计主要指的就是展示空间的设计。展示空间要通过空间序列、空间形态的设计，结合灯光、材料、展具、展示方式等进行环境氛围的营造，使之与博物馆主题和展示主题相契合，还要考虑到参观者的心理感受、观展习惯等。

随着社会的进步和高新技术的迅猛发展，博物馆空间单纯的物品陈列展示已不能满足参观者的需求，以人为本的情感体验和参与感是参观者新的价值取向，教育性、娱乐性、参与性共同成为博物馆陈列设计追求的目标。由此，博物馆展示空间设计逐步打破了原有的以图文形式为主的陈列展示形式，开始越来越多地注重参观者的生活经历和感受，注重展品与参观者的沟通与互动。博物馆展示空间是博物馆设计的重点，现代博物馆的展示空间从注重展品本身发展到越来越注重文化内涵的表达和空间意境的创造，注重人与空间和展品的融合，甚至扩展到博物馆建筑外部环境的整体设计。博物馆展示空间设计的目的是要营造一个与博物馆主题相契合的空间，为展品创造一个最适宜的陈列环境，为参观者提供流畅的参观路线及舒适的观展氛围，达到内容与形式的完全统一。

《博物馆建筑设计规范》（JGJ 66—2015）中指出，博物馆应由藏品库区、陈列区、技术及办公用房、参观者服务设施等部分组成，其中参观者服务设施应包括售票处、存物处、纪念品出售处、食品小卖部、休息处、厕所等，陈列区是博物馆设计的主要部分。《建筑设计资料集》指出，陈列展览区包括基本陈列室、专题陈列室、临时展厅、陈列设备储藏室、参观者休息处、报告厅、接待室、管理办公室、厕所等部分。总体上，博物馆分为对外开放区和对内工作区两部分。博物馆的整体陈列要以此为基准进行全面设计。博物馆展示空间设计所涉及的内容包括博物馆的空间布局和空间序列、参观流线、陈列区设计、照明设计、展具运用、陈列展示方式和辅助空间设计等，还包括新技术的使用和空间氛围的营造。博物馆陈列类型主要分为基本陈列、临时陈列和专题陈列三种类型。基本陈列展示博物馆主要的藏品和最有特色的藏品，多与博物馆的性质相呼应，有独具特色的陈列体系，一般是永久性的，藏品及展出形式比较固定且常年对外开放，如武汉博物馆的三层展厅，每一层都有常设展厅进行基本陈列，展示了武汉的历史脉络及珍贵文物（图1-1）；临时陈列则是根据展览主题的不同不断更换的陈列，这种陈列类型一般时间性较强，经常更换（一般不会超过3个月），如武汉博物馆也有专门用于临时陈列的展厅，可根据实际需要举办不同的展览，满足不同人群的需要；专题陈列是指将某一主题的展品进行长期陈列，展览主题性强且比较固定，如吉林市博物馆的吉林陨石雨展览。总体上说，博物馆展示空间设计，就是要根据不同的展览类型创造最适合的展出和观展空间。

图1-1 武汉博物馆常设展览（局部）

二、博物馆展示空间的分类

博物馆展示空间按照其功能性可分为以下几类。

（一）核心空间

博物馆的核心空间一般指前厅或进厅，是参观流线的初始部分。它兼具着多重作用。第一，核心空间可作为博物馆的一个交通枢纽，在水平或垂直方向上组织人流。大部分参观者进入博物馆后，可在此进行人流的集散，按照指引进入各个展厅中。第二，核心空间有时还具有公共空间的作用，可在此举办与展览有关的演讲、集会或者大型活动等。第三，核心空间可以集中表达整个博物馆的文化和精神内涵，具有一定的陈列展示功能。

（二）陈列空间

陈列空间是博物馆展示空间的主体，是博物馆功能的主要承载区。博物馆的职能主要是通过在展示空间举办展览来实现的。博物馆的陈列空间就是陈列室和展厅。陈列空间的主要作用就是作为展品的背景空间，烘托展品。陈列空间的设计要以展览类型为基准，空间环境和氛围的营造要适合展品、突出展品。博物馆展厅一般分为常设展厅和临时展厅。常设展厅用于陈列场馆中的永久性藏品，其空间形式多根据展览的性质和展品内容而定，选择最适合突出和表现展品的空间形式。临时展厅一般空间布局比较灵活，空间内部可自由组织和构建，适用于不同类型的展览。

陈列空间的设计形式多样，可结合材料及灯光的运用营造出不同的陈列氛围，但是要注意空间效果不要过于强烈、喧宾夺主，以免影响展出的效果。

（三）交通空间

博物馆的交通空间包括楼梯、电梯、走道、坡道等，在博物馆中主要起到人流集散、引导参观者的作用。目前，很多博物馆的交通空间除了发挥其本身的功能外，也融入了陈列展示的作用。比如，有些楼梯通过加宽、变形或与核心空间及展品结合，使艺术性和功能性都大大增强，在空间氛围的营造和展品的展示方面都起到了一定的辅助作用，如天津自然博物馆交通空间、A2国际艺术空间阳朔美术馆交通空间。

（四）服务空间

博物馆中还有一些具备辅助功能的服务、休息及娱乐空间，为展览及参观者服务。这些空间在整个博物馆中属于中性空间，如售票区、咨询处、存包处、销售区、休息区、咖啡区等。售票区可在场馆外部，也可在场馆入口处；咨询处、存包处和销售区一般设在场馆入口位置，多集中在门厅，可分别单独设置，也可统一为一体，其中销售区还可分层设置，销售区的设计风格也多具特色，通常与展览及场馆的性质相统一；休息区的设置要考虑到整个参观流线的长短及人的观展心理，选择最适宜的数量和位置，及时缓解参观者在观展过程中产生的疲劳和倦怠感。另外，休息区和咖啡区的设计还可考虑与光照、绿化等结合，营造轻松、惬意的休息环境。国家博物馆咖啡馆的设计就结合了大量绿色植被和雕塑，营造出一处幽静、闲适的休息区域。美国亚特兰大可口可乐博物馆服务空间休息区的色调与装饰风格完全呼应了场馆的特点，将休闲与展示融为一体，整个氛围轻松有趣。目前，博物馆越来越注重服务空间的设计，越来越人性化，开始更多地强调功能性与艺术性的结合。很多博物馆服务空间成为整个场馆的亮点，不仅提升了博物馆的整体品质，也使博物馆成为集学习、休闲和娱乐于一体的新型文化消费场所，吸引了越来越多的参观者。

博物馆服务空间的设计一方面要与整个场馆的主题和设计风格协调统一，位置布局合理，所占空间比重适宜，不可喧宾夺主；另一方面又要突出其特有职能，最大限度地发挥其功能，为参观者提供全面便捷的服务，从而提升整个博物馆空间的品质。同时，如卫生间、坡道、休息场所等要考虑到残障人士的需要，进行无障碍设计。总之，完善的配套设施和服务空间是衡量现代博物馆的一项重要标准，是博物馆展示空间设计要考虑的一项重要内容。

三、博物馆陈列空间基本布局形式

博物馆陈列空间包括门厅、进厅、陈列厅、辅助空间等。其中陈列厅是空间的主体，位于交通最便捷的位置。博物馆陈列空间的布局形式主要受到观展人流的影响，主要分为以下几种类型。

（一）串联式

串联式是指各陈列室或展厅直接相连，前后贯通，类似于串联电路，参观者观展时可以由一个展厅直接进入另一个展厅。这是一种比较传统的布局形式。这种布局形式的优点是参观路线流畅连贯不重复，具有较强的引导性，观展活动一气呵成，参观者不易迷失方向；其局限性是人流容易拥堵，观展的灵活性较差，且容易出现人流迂回的情况，由于观展路线较长，还容易使人产生倦怠感。串联式多适用于面积较小的博物馆或者展出连续感、时间性较强的展览，如全国农业展览馆1号馆平面是典型的串联式，各展厅相互连通，参观者从门厅开始按顺时针方向可依次从一个展厅进入另一个展厅，直至参观结束后再回到门厅，整个参观过程一气呵成。串联式还有一种形式是在纵向空间上的串联，如美国建筑师赖特先生设计的纽约古根海姆博物馆，整个美术馆的环形坡道与艺术品展示相结合，将展品悬挂在坡道的一侧，参观者先乘电梯到达最顶层，再顺坡道而下，在行走中完成了对艺术品的欣赏，整个观展过程轻松流畅。2010年上海世界博览会的丹麦国家馆也采用了串联式的形式，其独特之处是场馆超越了传统的展览形式，由室内和室外两条环形轨道构成。室外轨道主要用于连接展馆和展览区的高架露台，包括一条丹麦式自行车道、一个带有自然景观游乐场的屋顶花园和自行车停车区。室内轨道则通往展览区底层，并包括展厅、会议室和工作区。步行道和自行车道双螺旋连接室内和室外部分，游客可从地面沿着曲状通道直达顶楼继而再回到地面。丹麦国家馆虽是双螺旋，但依然是典型的串联式。

（二）大厅式

大厅式，顾名思义，整个展出空间是一个大型展厅，其内部可根据展出内容和展示形式等分为多个小展示区。这种布局形式最具灵活性，展览内容可以是连续或不连续的，内部空间可自由组织，发挥空间较大；缺点是容易造成参观路线的拥挤和无序，同时存在一定的噪声问题。大厅式多见于艺术类博物馆或艺术中心。这种形式最成功的例子是巴黎蓬皮杜艺术文化中心。该建筑总面积近7 500 m²，共6层，每层挑高高达7 m。建筑的钢骨结构和各种管线外露，内部没有一根柱子，各层的隔墙和门窗都不承重，可以任意改变，这加大了其空间的自由性。其内部展示空间可以通过隔断、栏杆、屏幕或家具等隔开，根据不同的展览主题任意改变布局，空间运用灵活方便。

（三）放射式

放射式是比较常见的博物馆陈列区布局形式。这种形式的核心在于陈列室和展厅都围绕一个中心枢纽空间设置。参观者参观完一个展厅之后，可以回到中心枢纽，再进入下一个展厅。这个中心枢纽一般是门厅或主展厅，有的时候也可以是主通道或庭院。中心枢纽可以把各主要使用空间连接成一体，还可以起到人流集散的作用。此外，围绕这个中心枢纽的各个展厅既可以单独开放或关闭，也可以相互串联，使空间形式更加灵活丰富。这种布局形式既紧凑又相对灵活，参观者可自行决定观展路线，不足之处是各展厅之间的连续性相对较弱，容易造成人流的交叉和对观展路线选择的不确定。比如，迈耶设计的盖蒂中心博物馆就采用了放射式的布局形式，其核心空间是一个内庭院，陈列室与其他使用空间分为若干个小团组，用外廊、平台、内廊等相连簇集在庭院的周围。陕西历史博物馆各主要功能区域也是围绕内庭院布局，将各个展厅串联在一起的。中国电影博物馆的首层平面也采用了这种放射式的布局形式，多种功能空间都紧密围绕中央大厅布置，布局形式紧凑合理。放射式布局的中心枢纽空间还有一个重要作用，就是可以作为一个公众交流、集会或进行核心展示的公共场所，如中国国家博物馆中央大厅。贝聿铭设计的美国国家美术馆东馆的三角形中央大厅，也经常作为公众聚集的场所进行公众或娱乐活动。

（四）混合式

很多博物馆陈列区的布局形式不是单独出现的，而是以上几种形式的混合体。混合式多见于大型博物馆，就是根据博物馆的特点将上述几种布局形式进行有效结合，使空间形态更加丰富，观展流线也更加自由和多样。斯德哥尔摩现代美术馆的平面就是混合式，该场馆是大厅式和串联式的综合体。贝聿铭设计的苏州博物馆新馆在布局上也采用了混合式。新馆整体上分为中、东、西三大部分，中部为中央大堂和主庭院，其作为中轴线起到中心枢纽的作用；东、西部的展厅、接待区和图书馆等均围绕中心枢纽布置，形成典型的放射式布局；具体到博物馆西部则又采用串联式将多个展厅串联在一起，丰富了空间布局。

四、博物馆陈列室类型及其布置形式

（一）博物馆陈列室类型

博物馆陈列室类型分通道式、口袋式和混合式三种，这与参观者的参观流线相呼应。

通道式是最简单的陈列室类型，即陈列区以串联的形式布局，只有一条主通道，一般出入口分开设置在对面的墙面上，多见于串联式的布局形式。

口袋式是最常见的陈列室类型，即陈列室平面只有一个出入口，一般参观者沿顺时针路线进行参观，这种陈列室适合顺序性或时间性较强的展览。

混合式主要是指陈列室的出入口设计较为灵活，出入口可以是一个，也可以有多个，出入口的位置也比较灵活，可在一边设置多个出入口。这种形式多见于面积较大的陈列室。在这种陈列室中，展品的陈列布局及参观者的参观路线都可以更加灵活。

（二）博物馆陈列室布置形式

由于不同陈列室的空间大小、展品类型及功能设定不同，其陈列布置形式也不尽相同，主要有独立式陈列、周边式陈列和混合式陈列三种形式。

1. 独立式陈列

独立式陈列是指展品或展具单独放在陈列室或展厅中进行展示，这种形式随机性较强，灵活多变，适用于多种类型的展览，观展路线自由。

2. 周边式陈列

周边式陈列是指展品及展具围绕陈列室墙面进行陈列展示，分为单线陈列和双线陈列两种形式。这种陈列的特点是展品布局清晰、观展路线明确，多适用于顺序性强的展览，不足之处是展示方式略显单调。

3. 混合式陈列

混合式陈列是将以上两种形式相结合的陈列方式，兼顾了以上两种形式的优点。

第二节　博物馆展示空间设计的原则

一、空间序列的完整性

参观者的观展效果主要受展示空间序列的影响。空间序列是否完整、是否富于变化、是否张弛有序都是重要的考察点。所谓空间序列，是指空间的先后顺序，是设计师按建筑功能给予合理组织的空间组合。各个空间之间有着顺序、流线和方向的联系。博物馆参观路线要避免迂回，要有一定的节奏感，对参观者起到一定的引导作用，同时要注意参观者的观展心理和疲劳问题，避免参观路线过长，要适时插入休息空间。空间序列要有起、承、转、合，要有一定的完整性，还要有一定的节奏和层次，不能千篇一律。

一般而言，一个完整空间序列的构思及处理手法都是根据空间的使用性质决定的，通常包括开始、过渡、高潮、结束四大部分。开始阶段是设计序列的开端，博物馆空间中的开始部分主要指的是门厅和进厅，这一部分空间氛围的营造是设计的重点，好的空间氛围可以第一时间吸引参观者的注意；过渡阶段是设计序列的过渡部分，博物馆空间的过渡部分主要指走道、门廊、坡道、过厅等交通空间，这一部分的作用是引导和酝酿，培养参观者的感情，将参观者引向下一阶段；高潮阶段是设计序列的主体和重点，是整个空间序列的精华所在，博物馆空间的高潮部分主要指其陈列空间，展览的主体在此体现，参观者的情绪也在这一阶段达到高潮；结束阶段是设计序列的结尾，在此处空间功能回归平静，博物馆空间的结束阶段一般是次厅或主门厅，这一部分的作用是收束，引导参观者退场，结束参观活动。

任何一个完整的展示空间序列都是由以上几部分构成的，同时结合材料、照明、陈列等营造各部分的空间氛围。完整的空间序列具有很强的导向性，可以有意识地将参观者引向展览主题，同时空间序列各部分又可以自然形成一个整体，彼此相互联系、前后呼应。

二、空间布局的合理性

在博物馆建筑中，展示空间所占比重最大，同时它也是观展活动的主体，体现着博物馆场馆的主要空间形态、主题特色和展品内容。博物馆展示空间包括门厅、进厅、陈列区、交通和服务空间，其中陈列区是主体。陈列区往往包含多个陈列室，其空间组合比较灵活。博物馆由于性质和陈列主题不同，需要有与之相适应的设计形式和设计手法。博物馆展示空间的空间布局要具有较强的合理性，才能将其空间作用很好地发挥出来。博物馆展示空间的布局规划是依据脚本而设定的，平面的功能分区、空间序列、观展流线安排、参观者的心理和生理要求都是考察空间布局是否合理的重要因素。

三、空间展示的气氛营造

博物馆展示空间的气氛是对展出内容和博物馆主题的烘托，主要指其艺术性和创新性设计，是参观者对展示空间的精神需求。展示空间气氛营造的手段有很多种，常见的有场景再现，多媒体设备，声、光、电的综合运用等手段，如还原真实场景的全景画展示。全景画是大型环状室内壁画的一种，是由不同的时空和情节组成的画面，同时结合与主题相关的模型陈列，再加上灯光、音响、旁白、仿真道具的辅助，多角度展示同一主题，给参观者带来身临其境的真实感受。空间氛围的营造还可以结合灯光设计，通过光线的变化营造浓烈、安静或若隐若现的空间效果。另外，装饰材料的选择和恰当处理、特殊展具的设计、音频系统的加入等也可以作为营造空间氛围的手段。

展示空间气氛营造的另一种常见手法是主题雕塑的展示。这种手段一般多见于历史类博物馆或纪念类博物馆。雕塑的主题是重要历史事件或著名人物，雕塑整体一般视觉冲击力较强且位于空间的重要位置，为空间营造一种庄重、励志的空间氛围。

空间展示氛围营造的手段多种多样，一般根据展览的主题和空间环境而定，在营造空间氛围时要注意不可渲染过度、喧宾夺主，要时刻以突出展品和展览主题为前提。

第三节　博物馆展示空间的展示方式

一、博物馆中常见的展示方式

博物馆展品类型丰富多样，不同性质的展品需要与之相适应的陈列展示方式。总体上说，博物馆展示分为静态陈列展示和动态陈列展示两大类。静态陈列展示主要指图片、文字、模型、场景等静态有体物的展示，动态陈列展示则主要指博物馆中运用多媒体技术的互动展示。具体来说，博物馆中常见的陈列方式有以下几种。

（一）中心陈列

中心陈列即将展品放置于陈列室、展厅中间或重点区域，多用于重点展示或主题展示。展品可独立放置，也可成组放置或以组合场景的形式出现。中心陈列多会成为视觉中心点，吸引参观者注意。中心陈列的形式很多，可将展品直接放置于地面，展示形式自然随意，可以很好地烘托空间氛围，这种形式在艺术类场馆中较为多见；还可以将展品放置于地台上，起到强化、突出空间及展品的作用。

（二）吊挂式陈列

吊挂式陈列最常见的是以展板的形式为主要依托，展板可以悬挂在墙上或者悬挂于展室中央，同时可以与轨道相连，增强灵活性。此外，展品或展板还可以在展示空间中直接进行空间悬吊，这种形式更具视觉冲击力和趣味性，较适合进行重点陈列。

（三）场景陈列

场景陈列是为突出一定的主题信息而设计的，在进行陈列设计时，往往运用道具、背景、装饰品、展品和音频、文字等，构成一定的场景，形象地体现出展览的主题或展品的特点；或者运用场景设计的手法，将场景原貌进行复原和展示，这种陈列手法可将原始场景、考古现场等真实地展现在参观者面前，有些场景陈列还具有一定的故事性，给人一种身临其境之感，引起参观者的联想。同时，场景陈列应与整体展示氛围和内容相融合，强调艺术性和创新性，使参观者得到较强的审美感受，强化展示主题。场景陈列多见于自然科学类、历史类或纪念类博物馆。

（四）展柜陈列

展柜陈列是博物馆陈列最常见的方式，适用于各种类型的藏品。展柜可单独布置、独立出现，也可以作为空间分隔元素以成排或组合的形式出现，起到划分空间的作用。展柜陈列要注意展柜本身的特性，设计要合理安全，灯光布置及温控要适宜，以便保护和突出展品。

（五）动态交互陈列

动态交互陈列方式也就是动态陈列展示，这种陈列展示方式与多媒体技术的发展和博物馆展示方式的转变密切相关。博物馆展示方式早已不再局限于观看，而是可以进一步触摸、互动。参观者可以直接参与到陈列展示之中，动手操作，亲身体验。动态交互陈列方式多样，常见的有触摸台、互动地图、虚拟漫游等，如澳门博物馆中传统街头叫卖展示区，每个模拟场景前都有一个互动按钮，按动按钮可以播放真实的叫卖声；天津博物馆则用多媒体进行展示。

（六）特色陈列

特色陈列是指为特定的展品而设计的特定的展示方式或展示空间。这种形式的陈列方式一方面可以突出某些特定展品或空间，另一方面可以使展品与其陈列环境融为一体。特色陈列多会涉及相关展具设计或特色空间设计，用以突出展品或展示空间的主题，如为自然生物展示设计的展墙。

二、博物馆的类别

展示空间结合了多种元素，包括平面、立体空间等，明确了这些元素在特定空间中的组织关系。物理展示与多种手段相结合进一步扩大了展览主体信息传播的效果，同时，时间的变化也有利于让参观者感受各种展示信息，使之成为流动较快的全新的多维空间。展示空间明确了实体空间的范围，参观者也能够对各个区域进行识别。同时，对布景展示进行精心布置也有利于更好地把握展示节奏，提升展览的吸引力，为参观者带来全新的体验。

博物馆分类方法很多，主要分类依据包括博物馆的大小、展品内容、教育活动的性质和特点、经费来源和服务对象等。不同类型的博物馆其展示空间的主要特征也不尽相同。

根据博物馆的规模，博物馆分为大、中、小型。大型馆（建筑规模大于 10 000 m²）一般适用于中央各部委直属博物馆和各省、自治区、直辖市博物馆；中型馆（建筑规模为 4 000 ~ 10 000 m²）一般适用于各系统省厅（局）直属博物馆和省辖市（地）博物馆；小型馆（建筑规模小于 4 000 m²）一般适用于各系统市（地）、县（县级市）局直属博物馆和县（县级市）博物馆建筑规模仅指博物馆的业务及辅助用房面积之和，不包括职工生活用房面积。

本书根据藏品内容的不同对博物馆进行了细致的分类，主要分为以下几种类型。

（一）综合类

综合类博物馆包括世界性综合博物馆、国家与地方综合博物馆。

综合类博物馆能够综合反映该国家或地区的经济、政治、历史、文化、教育、科技等方面，是某一个国家或地区的缩影，文化内涵涵盖范围较广，如中国国家博物馆、不列颠博物馆、东京国立博物馆等。以伦敦的不列颠博物馆为例，该博物馆汇集了人类劳动智慧的结晶，展品包括古希腊女神像、古印度经文、古埃及木乃伊等各国历史文物与珍宝，是世界文化的一个缩影。

综合类博物馆的展示空间设计多遵循时间顺序或历史发展脉络，真实、准确地再现了人类历史文明，一般没有太烦琐、复杂的装饰，多通过场馆本身和展品的陈列设计体现其历史性和文化性。

（二）大型博览会场馆

大型博览会场馆包括巴塞罗那德国馆，上海世界博览会中国馆，各届世界博览会主题馆、企业馆，青岛世界园艺博览馆等。

大型博览会指规模庞大、内容广泛、展出者和参观者众多的展览会，包括世界博览会、园艺博览会、陶瓷博览会等。大型博览会的举办是一个国家或地区经济、文化、艺术繁荣发展的象征，大型博览会场馆是科技、文化、材料与艺术的综合体。该类场馆一般都会有一个符合展会的主题。

大型博览会场馆的展示空间多以该地区或主题的发展脉络及突出特征为主线，通过实物、声、光、电等综合手段的运用，展现人类在某一个或多个领域的发展过程及所取得的成绩。比如，2010年上海世界博览会的中国国家馆（图1-2），其展示空间以"寻觅"为主线，包括"东方足迹""寻觅之旅""低碳行动"三个展区。展馆从当代切入，回顾过去并展望未来，表现出中国城市的底蕴及未来的发展之路。

图1-2 上海世博会的中国国家馆

（三）历史类

历史类博物馆包括历史文物博物馆、社会历史博物馆、战争与军事博物馆、考古与遗址博物馆。

历史类博物馆旨在还原历史的真实性，多以展示现存文字、影像、珍贵文物为主要方式，同时配以遗址原貌或虚拟场景的形式，为参观者提供最为详细和最具说服力的珍贵资料，如明十三陵博物馆、天津博物馆（图1-3）、中国人民革命军事博物馆、美国巴顿坦克博物馆、希腊国家考古博物馆、莫斯科国立历史博物馆、墨西哥国立人类学博物馆、秘鲁国立人类考古学博物馆等。

历史类博物馆的展示空间多采用传统展示方式与现代展示手段相结合的形式，通过对展示主题符号的提炼营造文化氛围，同时注意对特殊展品或遗址的展示与保护。

图1-3 天津博物馆展示空间（局部）

（四）艺术类

艺术类博物馆包括美术馆、现代艺术馆、工艺珍宝博物馆、建筑博物馆等。

艺术类博物馆最注重的是艺术氛围的营造，其展示空间围绕展出品（绘画、工艺品、雕塑、艺术设计作品等）的数量、性质、特征等进行设计，旨在通过空间氛围和参观流线的营造来保护和凸显展品（图1-4）。

图1-4 普希金造型艺术博物馆（局部）

（五）自然类

自然类博物馆包括综合性自然历史博物馆、专门性自然历史博物馆、园囿性博物馆、水族馆、天文馆。

自然类博物馆内容广泛，包括植物、动物、天体、自然科学与实用科学、矿物、古生物及人类等。此类博物馆具有较强的教育性和科学性，动物园、植物园、国家公园与自然保护区、英国自然历史博物馆（图1-5）、美国自然历史博物馆、法国发现宫等都属此类。

图 1-5　英国自然历史博物馆（局部）

自然类博物馆的展示空间多利用多媒体技术，注重交互式体验，同时通过先进的技术和艺术手段营造虚拟的展示空间环境，将展示内容转化为个人体验，展出形式包括化石、标本、沙盘模型、展板等。

（六）纪念类

纪念类博物馆包括历史事件纪念馆、名人纪念馆、名人故居。

纪念类博物馆主要是纪念在社会发展进程中具有重要意义的历史事件及具有较大贡献或影响的各类知名人士，多以事件发生地或名人故居为依托而建，用以展示历史事件的全貌及名人生平，强化该事件或人物精神的教育意义。比如，"九·一八"历史博物馆、亚利桑那纪念馆（由美国政府和私人出资的、在亚利桑那战舰沉没处水上建造的纪念珍珠港事件的纪念馆）、柏林犹太人博物馆、孙中山纪念馆、周恩来邓颖超纪念馆（图 1-6）等。

图1-6 周恩来邓颖超纪念馆（局部）

纪念类博物馆展示空间的设计主要侧重空间属性的表达，通过对真实有效的资料的展现和场景的还原，传达一定的教育意义。近年来，纪念类博物馆的展示空间为适应现代人的审美意识，突破了传统的陈列形式，越来越强化空间的感染力和观赏性，通过现代化、科技含量高的陈列手段，制作逼真的场景，将历史凝固在瞬间，受到参观者的广泛欢迎。

（七）科技产业类

科技产业类博物馆包括综合性科技产业博物馆、专题性科技产业博物馆、科技中心。

科技产业类博物馆肩负着普及科技知识、培养创新精神的使命，主要展示科技发展史，解密各类科技原理，展出当今科技发展的最新成果，提供人与高科技的互动等，如中国煤炭科技博物馆、北京航空航天博物馆（图1-7）、美国国家航空航天博物馆等。

图1-7 北京航空航天博物馆(局部)

科技产业类博物馆展示空间主要为参观者提供全方位、多感官的体验，满足参观者对科技知识的探知心理，通过参观者的视觉、听觉、触觉等多方位的亲身体验，寓科学教育于娱乐之中。

（八）文化教育类

文化教育类博物馆包括学校博物馆、儿童博物馆、影剧传播博物馆、文化与娱乐中心。

文化教育类博物馆多为文化教育辅助之用，主要起到普及教育、传递知识的作用，一般既可为学校和专业人员服务，又对社会开放，为大众提供一条了解文化、艺术的途径，如上海儿童博物馆、中国电影博物馆（图1-8）、牛津大学自然史博物馆（图1-9）、哈佛大学福格艺术博物馆、波士顿儿童博物馆、法国蓬皮杜国家艺术文化中心、澳大利亚当代艺术中心等。

图1-8 中国电影博物馆（局部）

图1-9 牛津大学自然史博物馆（局部）

文化教育类博物馆的展示空间大多主题明确，文化性和教育性强。其中文化与娱乐中心的展示空间需要具有一定的灵活度和延展性，即既有场馆本身的特点，又可作为艺术家自行运作的空间，为大众提供一个高度自由的文化艺术交流场所。

（九）民族民俗类

民族民俗类博物馆包括人类与民族博物馆、民俗博物馆、宗教博物馆。

民族民俗类博物馆是对不同地区、不同民族的风土人情及历史文化遗产的展现，既要体现出独特的民族民俗风情，又要激发人们对于传统民族民俗文化的传承和发扬。

民族民俗类博物馆的展示空间要提炼和挖掘不同民族的特征和文化精髓，在陈列氛围上多注重展现独特的民族风情以及对民族民俗文化的传承，如安徽省源泉徽文化民俗博物馆（图1-10）、广西民族博物馆（图1-11）等。

图1-10 安徽省源泉徽文化民俗博物馆展示空间（局部）

图 1-11 广西民族博物馆内部空间（局部）

第二章 新媒体技术与博物馆展示空间设计

第一节　新媒体技术的基本理论

　　博物馆是变化较快的空间载体及实践场所，人类的历史文化通过馆藏品得以展现于人们面前，而先进的展览理念和高品质的展示空间决定了博物馆今后的使用效果。在适应社会发展的漫长过程中，"博物馆"这一抽象的概念一直处于不断变革之中，人文情怀以及生态保护等逐步成为当代博物馆的重要品质，这不仅有利于对大众思想理念进行正确引导，也不断提高着大众审美意识。博物馆的特质需要其适应时代的发展，还要不断完善展览模式，与新媒体技术相结合，并推动信息成像，打造沉浸式的观展体验。

一、新媒体技术兴起的原因

　　新媒体和新媒体技术是新兴的时代产物，人类对物体的感知和传播信息方法都与媒体有关，新媒体技术的应用和普及为社会带来了一种新的信息传播形式。新媒体技术的发展与计算机的发展有着密切的联系，博物馆展示空间中新媒体艺术发展得如此迅速，离不开数字媒体和计算机网络技术的支持，这为新媒体的开发提供了重要的技术平台。不同技术的特点存在很大差异，将多种新媒体技术相结合，进一步提高了博物馆展示空间的审美价值。新媒体凭借其独特的灵活性和高度的便利性，为互动体验提供了互动空间。历史博物馆使用图像和视频装置（故事、纪录片视频）可以展示不同的历史发展阶段；国家博物馆的"复兴之路"将多种视频投影技术相结合，运用灯光、水波、动态烟雾和爆炸性水柱，营造和还原当初的历史分为，拉进参观者与作品的举例，给观众一种真实的感染力、震撼力。博物馆展品则是以扫描二维码的方式呈现出具体展品信息，使信息呈现方式更加简单。自交互式体验的初步构想形成以后，新媒体技术的初始形式由显示形式的静态变为动态，内容进一步完善，但交互性特征不明显，细节展示效果不佳，而新媒体技术在国家博物馆展示应用过程中仍然处于摸索阶段，远远落后于国外的发展，但其应用成效显著，这表明采用新媒体技术进行馆藏品展示有利于推动社会发展。

　　新媒体展览是将多种动画技术与新媒体技术相结合进行动态展示的展出形式，有些博物馆则是将视频与视频装置相结合进行展览。以侵华日军南京大屠杀遇难同胞纪念馆为例，其中的"12秒水滴"就是利用动态新媒体技术展现了南京大屠杀的惨烈。随着倒计时的滴答作响，每隔12秒就出现水滴进入黑色"水面"中，而墙上则会展现一盏代表遇难者的灯一下子熄灭的画面。这表明在有30万名遇难同胞的这场灾难中，每相隔12秒就有一条生命消失。这种展示使参观者更好地感受到了当年的悲惨情景，使南京大屠杀带给人的印象更加深刻，而非仅仅是课本当中冰冷的"30万"的数字，如果仅仅利用传统的二维图片展览是无法达到这种效果的。大多数博物馆也使用二维码来协助举办展览，如国家博物馆的艺术展，参观者扫描二维码不仅可以通过语音了解到作品的详细信息，还能获得高清电子图像，避免参观者开闪光灯拍照，不仅可以保护画作，也能让参观者获得有用的信息。新媒体被引入博物馆展览，使展示形式从二维静态展示变为新媒体动态展览，不仅突出了新媒体互动体验带来的优势，展示内容也得到了丰富。虽然现阶段新媒体的大多数展示形式都比较呆板，但经过不断探索，它将更加成熟，展示形式与展览主题会更加契合。

二、新媒体技术介入后博物馆展示空间现状

新媒体技术在国外的应用远远领先于国内，自20世纪末以来，西方发达国家的博物馆就推出了多个移动设备应用，使参观者得到了全新的体验。同时，国内博物馆，包括故宫博物院、侵华日军南京大屠杀遇难同胞纪念馆等将多种新媒体技术相结合，并利用相应的空间设计语言表现技术进行内容展示，使信息传播的时效性更明显，更具创新性，参观者通过体验新媒体动态展览能够更直观地理解策展人和展示设计主创人想展现的艺术文化。

目前，全国博物馆馆藏数量呈现出不断上升的发展趋势，保护管理工作的标准得以提升，其现代化发展步伐不断加快，也使博物馆系统更加完善。虽然中国博物馆产业的发展取得了显著的成效，但仍然落后于国外博物馆产业的整体发展水平。

三、新媒体技术在展示空间设计中的互动体验性趋势

近年来，为了满足日常生活中人们的美学需求，设计人员对新媒体的展示技术进行了研究开发和功能拓展。参观者对于展示空间的体验要求越来越高，期望能够快速获得各种信息。在这种情况下，人们对于展览信息就不会认真仔细地观看、浏览，那么这将是毫无意义的展览体验，参观者不能通过参观展览获得任何有用的东西。针对以上情况，设计人员在进行展示空间设

计时不但要利用新媒体技术满足参观者的创新要求，还要结合趣味性与美学需求，使人们的体验效果不再像从前那样枯燥乏味，而是给参观者带来多元化的展示体验。

（一）由单一向多元转变

在规划展示空间的过程中，多元化的展示方式是必要的。展示方式的多元化主要是指人们对于展示空间体验的不同感受。随着人们体验需求的提高，传统的单一视觉展示已经不能满足要求了，当下的视觉展示效果追随着时代的步伐变得多元化，如场景再现展示、虚拟现实模拟等。展示空间的设计目的也不仅仅是传递展品信息，而是融入了参观者的感官要求以及体验需求，如展示氛围、参与互动效果、人流规划等，进而达到多元化的综合信息共同发展的目的。

（二）由被动向主动转变

展示空间的设计是一个大的工程，而互动体验设计就是这个工程中用来进行展品信息传播的工具，是展示设计空间最突出的亮点。互动体验改变了传统的展品展示模式，它利用动静结合的设计方式在有限的时空中传达完整的展示信息，改变了主体的被动状态，促进了展示信息的纵横传递效果。在传统的展示空间设计中，参观者只能被动地接受设计者所传达的信息，这种模式使信息的传播时效在很大程度上受到局限。而互动体验则凭借新媒体技术使展示空间具有多维性与开放性，促进参观者与展示空间的主动交流，也丰富了展示信息的内容，将参观者引入一种闲适、沉浸的状态，满足参观者的好奇心和求知欲，进而达到参与者和展示空间和谐共存的状态。

（三）由静态向动态转变

传统的展示设计仅仅是利用物理空间进行信息传递。随着科技时代的到来和虚拟现实技术的出现，实现空间动态展示已经不是难事，而且相较于传统的静态展示来说，现行的动态展示更受欢迎，信息的传递表达效果更加显著。而且虚拟互动技术的应用使展示空间突破了空间上的局限性，能够利用有限的时空将大量的信息内容传达出去。这种应用形式不单单能实现信息的集成性和时效性，还能够降低运作成本。

这种转变使参观者由观展者发展为参与者，实现了由被动到主动的角色过渡。通常情况下，互动观赏有两个层面上的特征，一是参观者的参与性，二是信息的动态传递性。互动观赏激发了参观者的参与热情，使参观者能够全身心地投入到参展中去，进一步巩固了参观者对展示信息的印象。

四、面临的矛盾和挑战

新媒体环境中的博物馆存在冲突，有时候甚至是矛盾：在这里，创新与传统相遇，原创与简单多数相遇，最主要的是专业的历史"制造者"与公众相遇。新媒体环境彻底改便了博物馆，使之变成混搭的、积极消费的场所。在过去的10年中，新媒体技术彻底改变了博物馆的传播方式。

新媒体技术应用在博物馆展览中，进一步提高了参观者的参与积极性，有利于创造全新的体验，不断扩大知识信息传播范围，也有利于满足参观者的多元化需求。博物馆展示设计需要有明确的信息导向，使参观者能够初步明晰展示的内容信息，而且展示设计的内容要涵盖在新媒体的内容形式中，特别是媒体技术的渗透有利于明确博物馆展览的重要作用，但并不是替代博物馆传统的展览形式，这样不仅有利于达到新时代参观者的行为要求，也能够满足群众的多元化需求，为其提供更好的参观体验。数字媒体技术的发展普及以及传统的静态展览已逐渐向动态和交互式展览转变，数字媒体技术因其强大的交互性和海量的信息存储而被广泛应用于现代博物馆展示设计中。

新媒体技术的发展日新月异，如克利夫兰艺术博物馆建成的一号展区设置了更加清晰的参观路径。一号展区是一个将艺术、技术和讲解融为一体的创新空间，是能够让参观者体会更多艺术的场所。一号展区有一面40英尺（约12.19m）宽的多触点藏品墙，展示的是博物馆内正在展出的所有藏品，还有6个互动的展示屏（名为"透镜"），这些新媒体互动体验可以带来更深层次的研习和艺术发现。藏品墙成为受欢迎的设计展览路线，线条与形状展项、扮鬼脸展项以及藏品墙上令人惊叹的视觉主题，形成一个更为深入的学习体验。新媒体以一种更为新颖的、具有指导性的方式在不同艺术品间形成意想不到的联系，从而增强了参观者的学术兴趣。

五、新媒体技术在博物馆展览中的设计模式

（一）新媒体与信息主导型陈列模式

新媒体技术的应用推动展览信息从单向通信演变为双向通信、从历时通信到即时通信，让人们对历史和艺术的认识变得更加立体和开放。古代本身的艺术魅力也能够吸引参观者的注意力，但现实是大部分博物馆收集的许多

古代文物主要是陶器、粗陶器和其他生活用具，文物本身不仅难以得到展览的支持，而且如果不对其加以解释，许多文物也无法进行直接展示。面对这种问题，研究学者强调了"信息化显示"的重要性。这种展览方式与传统意义上的基于物理和基本的展示相对应，是信息和信息的传递，而不是工件本身。由于历史文物不具有视觉观看的优势，因此，在展览过程中keyi将多种媒体技术相结合进行历史场景重现，这也有利于为参观者带来全新的感官体验，对提升博物馆藏品的影响力具有重要意义。巧妙运用新媒体技术，可以让参观者通过生动的场景体验几千年前祖先的生活，并明确一些展品的实际用途，从而更加突出古代文物的生动历史文化价值。

（二）基于参观者互动的体验模式

参观者在博物馆的体验应是一个非常愉快的过程，是可以学习美学知识的教育实践活动，而简单的审美知识无法满足参观者在博物馆的体验需求。例如，新西兰国家博物馆在2009年开放以后进行空间展览，同时根据新西兰主题进行认知展览，并使用"交互式地图"和其他数字平台等增强与参观者的互动，使参观者自行解析何为新西兰以及新西兰人。参观者浏览这些图像和景点的第一站是"交互式地图"，其中包含27个带有高清新西兰卫星地图的背投图块。

该博物馆地板砖的下侧配备有传感装置，参观者踩在显示屏上即可显示在侧面显示器上上传的图片和视频。"上传小站"实际上由多个触摸计算机组成，存储了大量媒体文件。观看者可以通过关键字搜索自己感兴趣的图像和视频，或者利用网络摄像头实时拍摄照片和视频，或者将图片以及视频相结合传输到对面的500m"数字墙"中，而"数字墙"为用户提供了充分的自由空间，多个用户还可以用激光手杖在墙上进行图片以及视频的处理，以及喷涂或添加动画。这一技术在哥本哈根博物馆的"古迹互动墙"中也得到了广泛应用，"古迹互动墙"处于哥本哈根城市广场中心，包括4个大屏幕，长度、宽度分别为3.43m、0.08m同时，该博物馆将历史文物以及文献数字化为"古迹互动墙"，参观者可自行选择需观看的内容，也能够将评论与图像当作明信片传输给亲戚朋友，或是通过USB接口直接下载数据，并利用手机传输数据。这个特殊的街道博物馆全年开放，每天上午7点至晚上11点运营，是世界上开放时间最长的开放式博物馆。

多种展览模式相结合促成了特殊的多媒体技术访问方式的形成。传统的博物馆展览充分发挥了博物馆馆藏资源的重要作用，而多媒体互动平台则使参观者能够充分表达自我、发挥自身的创造力。

（三）移动应用的发展模式

博物馆在建设新媒体互动体验项目的同时，也需要开发博物馆媒体的移动应用，促进新媒体技术基于智能手机、平板电脑等的移动应用程序的开发。博物馆展示空间中的移动应用程序的开发符合新时代参观者的行为习惯。博物馆的移动应用服务主要有两个方面：一方面是扩充博物馆的文化教育，并促进参观者对博物馆信息的浏览访问；另一方面是开发博物馆展示空间中的移动手机导航终端，使参观者仅利用微信就能够发送信息，或是接收展览的有关信息，并且信息内容的呈现形式要多样化，包括图片、文字和声音等，这相当于为每个访问者提供了一个"私人翻译"。

科学技术的日新月异进一步推动了新媒体技术的发展。而新媒体技术以及新媒体的结合也有利于不断扩大博物馆的业务规模，尤其是通信技术的完善，进一步推动了移动终端设备的完善，而虚拟现实技术等多种技术的出现也丰富了博物馆展示设计内容，加强各国交流合作。信息技术的发展缩短了各国的距离，数字信息的影响力不断扩大，尤其是科学技术的发展也有利于创造良好的信息社会发展环境。作为时代的推动力，新媒体技术得到了全新的发展，改变了人们的生活方式。

进入信息时代以后，博物馆展示空间利用数字技术、多媒体技术发展博物馆展示媒体，推出了数字博物馆显示器。传统的博物馆展示空间的展示设计大部分以实物形式为主，但是发展到数字时代，移动设备和信息网络的发展使人们依赖网络获得信息，这使博物馆展示空间的展示设计也越来越多地融入了新媒体技术，使参观者在物理空间中收获信息知识的同时得到了乐趣；同时，博物馆新媒体技术也有利于促进社会发展，进一步提升其影响力，因此数字显示概念以及技术应用范围不断扩大。

第二节　新媒体在博物馆展示设计中的功能性分类

虽然博物馆是"展示、传播人类物质和非物质遗产"的"非正式教育机构"，但博物馆"古董仓库"的印象并没有真正在参观者心目中改变。国内大多数博物馆还保持着器物定位的传统形态，所做的工作也只是将文物放入展柜，放上说明牌。许多参观者面对无数"高级别"的"精品"文物时，不过是到此一游而已，难以真正了解文物的价值所在。因此往往需要讲解员带领参观者了解其珍贵的一面。正是在传统的展示手段难以满足博物馆信息传播的需求时，新媒体进入了大众视野。众多先锋艺术家在新媒体艺术作品上的尝试，让博物馆人意识到原来可以让参观者参与到艺术作品的展示中，以实现艺术观念的传达。正是基于这一点，不少新媒体手段被引入博物馆展示设计中，并越来越成为新型的博物馆展示语言之一。目前已知的新媒体类型有很多表现样式，划分标准有出于技术考虑的，也有比较成熟的个体举例。但这并不能清晰地反映新媒体在博物馆展示设计领域的整体情况。更关键的是，本书的核心并不是设备本身，而是由技术形成的展示观念和内容表达。因此，本节从参观者和展示效果出发，总结出新媒体在博物馆展示设计中的三种功能性分类：数字化展示平台、体验型互动展示以及沉浸式虚拟展示。

一、数字化展示平台

新媒体在博物馆中的应用最早体现在数据库的建设上，流行说法有"博物馆数字化""数字博物馆""数位典藏"等，主要涉及展品信息管理、展示和查询以及网络虚拟展示。展品信息管理开始于20世纪90年代初期的法国等欧洲国家。一些大型的国家博物馆、美术馆率先开始藏品数字化建设，光盘、服务器等电子媒介被用来保存这些"国家珍贵历史文化见证物"。如今，大多数馆藏品的数据库基本完成，各国博物馆的数字化建设重点也从藏品档案的数字化转移到如何实现这些数字化文化资源的展示教育功能。博物馆在藏品数字化基础上，设计了面向参观者的展品展示与查询装置、数字化便携导览系统（如PDA等）。这一集管理、展示和查询于一体的展品数字化系统，使博物馆为大众提供了学习研究的机会。

另外，计算机语言拥有便于修改存储内容的优势，使博物馆可以及时更新藏品数据，而互联网全球普及、实时更新的特点，打破了时间的约束和空间的限制，为博物馆展示传播提供了广阔的平台。目前最普及的数字化平台是利用网络技术实现藏品资源整合与虚拟展示相结合的博物馆网站，主要包括博物馆的基本信息、馆藏品介绍、教育服务，以及利用文字、图片、视频和交互媒体实现的在线虚拟展示。自1995年卢浮宫博物馆向全球推出网络服务之后，世界各大博物馆纷纷效法，相继建成各具特色的数字化平台，并不断补充、增加藏品信息和提供个性服务，这一趋势还扩展到各大学中，掀起大学博物馆数字化建设的浪潮。

科技的更新是持续的，为寻求虚拟展示方面的提升，各国、各区域开始尝试以合作分享的姿态搭建交流平台，如加拿大遗产信息网络（Canadian Heritage Information Network）、中国文化遗产网络、虚拟遗产网络（Birtual Heritage network，VHN）。这些平台致力于研究和推广虚拟现实技术，探讨新技术在保护、传播和教育方面的作用，分享数字化进程中的得失经验，为人类文化资源的共同保存提供交流平台。

二、体验型互动展示

美国博物馆学家皮尔曾提出，博物馆应该为参观者带来"理性愉悦的综合体验"，这一理念直接影响了美国博物馆教育的实践转向参观者研究。这一点在20世纪表现出明显的态势。20世纪初，纽拉特（Neurath）曾预言："博物馆将越过公共机构的围墙，在不断自我传播的过程中进入民主世界。博物馆的将来会舍弃一切老套、自私的规制，走向一切从参观者出发。"自1930年开始，博物馆不论是从建筑外观、材料，文物的展示方式上还是理念上都发生了根本性的变化。这些转变显现出一个趋势：博物馆正在从传统的作为收藏展示文物的仓库变成新型的非正式社会教育场所。展览内容设计以调动参观者的参与性为主，利用各种新媒介吸引参观者参与互动，让参观者带着博物馆体验满意回家，由此诞生了一种"新博物馆类型"。这些博物馆中布置着很多互动项目，它们是利用视觉、听觉、触觉等多种媒体设计出来的，参观者可以操作这些互动装置，从中收获知识、习得技能、感受快乐。这样的博物馆可称之"体验型博物馆"。通常来说，体验型博物馆的特质是通过参观者的互动实现信息传播，因此，参观者在这里扮演着信息接受者和操作者的双重身份。新媒体如何构建出一种参与、操作方式，让参观者主动参与到博物馆的信息解读中就成为关键。目前已知的体验互动方式主要是通过视频、互动装置实现的。

科学博物馆、自然博物馆以及儿童博物馆是这一类型的最早拥护者和实践者，如横滨儿童科学馆将"从观赏式展示到触摸式展示"奉为设计宗旨，美国"Please Touch"博物馆更是以参观者接触为准。也因此，目前大多数科技馆、自然馆、儿童博物馆都采用体验、参与理念设计运行，前者甚至成为最新前沿科技的展示平台和自然科学基础教育基地。体验型之所以在此类博物馆中扎根，在于其传播内容多数属于概念类主题，如光的反射、力学原理等，需要通过一定的道具组合操作才能实现自我解释。因此，常见的新媒体类型都以互动装置的形态出现。近年来，历史类博物馆也引入了不少新媒体，如影像、视听装置等。这些新媒体类型在解释考古发掘、非物质文化遗产的制作流程、历史时刻的记录等方面效果不凡，并且在吸引参观者参与学习中显露出难以取代的魅力。比较常见的是故事性、纪录片式视频，幻影成像、幻影成景，表现过去历史时期的风貌。互动装置涉及的技术很多，但其基本特性可以归纳为利用一种或者多种光学、电子、机械技术原理设计的，需要参观者操作配合运行的认知装置，按操作行为有简单、复杂之分。最简单也最常见的为"按钮型"，参观者只需要按动选择的目标，装置即激活相应的内容自动运作。在这个过程中，参观者通过有选择的"观看"进行学习。此外，复杂互动装置会跟随展示主题衍生出"高级版本"，科技馆、自然馆中多数为此类装置，如转动手柄产生磁力看磁场变化、在跑步机上与恐龙赛跑、站立拍照看人类进化等，虽然应用的媒体多样，但逃不开共同点——与参观者互动。尤其是利用计算机技术改装的互动装置，更是成为体验项目的主角。

在新媒体中，视频影像算得上是"常青树"。从生活影像记录、电影到行为艺术篇、现代影像记录，视频影像从对象上扩大，从内容组织上突破，也在与其他技术结合中寻求新空间。比如，克利夫兰自然史博物馆中的第一单元，是一个结合场景的实时互动影像。大橱窗中几只绝种动物正在全神贯注地看电视，当参观者好奇它们在看什么而接近橱窗时，发现自己的影像出现在了电视机里。"××在看××"的主体、客体突然变了，让参观者反思自然的破坏源于人类的眼界狭隘。而随着各种体验型新媒体项目的增多，注重参观者"理性愉悦"的博物馆体验意识不断在展览设计中得到强化，表现之一即是新媒体与传统媒体结合，强化信息传达。

三、沉浸式虚拟展示

新媒体技术不断升级，也带动了展示手段的丰富多彩。20世纪90年代出现了一种新型综合媒体，即虚拟现实。它集合计算机图形学、人机交互、传感技术、人工智能等技术合成三维的虚拟环境，使置身其中的参观者可以通过听、视、摸等感受"身临其境"，并产生实时互动。这一虚拟现实技术引入博物馆展示设计领域则表现为沉浸式虚拟展示。

那么，什么是沉浸式虚拟展示？同样是针对参观者的感官而言，沉浸式虚拟展示区别于体验型互动展示的独特之处在哪里？格劳在《虚拟艺术》一书中这样描述,沉浸是指精神的全神贯注，是从一种精神状态到另一种精神状态的发展、变化和过渡的过程，其特点是减少和被展示物体的审视距离，而增加对当前事件的情感投入。换个通俗说法就是，在计算机创造的幻象空间里，参观者通过联想得到类似真实的空间体验。这里的空间体验与上文"体验"的区别在于强调运动的虚拟性，人在思考和想象中也可以虚拟地"进入"空间，其间的距离并非是体验的，而是假定的。

目前的虚拟现实技术主要借助计算机技术构建虚拟空间，并利用传感器等交互设备使参观者与虚拟世界进行实时交互。也就是说，我们所提及的沉浸式虚拟展示，其工作原理是，第一次过程是"计算机处理—空间虚拟成像—人感知—形成人的感知视觉成像"，第二次过程则是"人运动—计算机捕捉处理—空间虚拟重新成像—人感知—形成人的感知视觉成像"，此后依照第二次轮回。其中的关键点是计算机虚拟成像到人的感知视觉成像的转换过程，这关系到最终沉浸感的实现程度。客观分析，制约因素主要来自前者，也就是计算机技术下虚拟空间的"真实程度"。《阿凡达》之所以在IMAX影院效果最佳，也是因为虚拟现实技术需要借助"地利"，即空间地形等的配合，以最大限度地挖掘人眼与画面的结合。因此，博物馆展示设计中的沉浸式虚拟展示，往往会借助三维造景实现综合虚拟空间的营造，也就是目前常见的一大类型——场景式虚拟展示，如青阳悟空寺博物馆在展现"僧伽遗体进香华门"主题时，借用高大的三维城门营造气氛，首先让参观者感受仿佛置身古城之前的临场感；进入门洞后，迎面展开的是唐代众人迎接僧伽大师灵舆的全景画，强化置身香华门迎接的历史时刻；随着步履的前进，左、右、前三侧投影鲜花漫天飞舞香气扑鼻，地面跟随脚步显现鲜花遍地的情景，使参观者沉浸在"香华门鲜花遍地迎接僧伽大师"的那一刻。这一结合场景的沉浸式虚拟展示方式，很好地利用了参观者的联想，可以在借助历史建筑营造空间感的同时唤起文化记忆。相比头盔式虚拟现实系统，此类方式更经济，同时效果明显，可以预测这将会是以后展览中应用较多的样式之一。

目前，另一大应用广泛的沉浸式虚拟展示类型是为虚拟剧场，即剧场式虚拟展示，如美国费城国家宪法博物馆内的环幕体验剧场"Freedom Rising"。这个六角星形戏剧厅，四周环绕阶梯式座位，能同时容纳320人，中心剧场作为主展台，环绕六角星形上周的是360°环形屏幕。戏剧开场，立体影像直接投射在剧场中心，伴随着"We the people"的开场，美国革命战争开始了。一幕幕根据铜版画的历史文物制作成的影像，演绎了那段艰辛而荣耀的岁月。而在展台上走动的专业演员穿行在故事中，与参观者直接对话，扮演着叙述人的角色。这种结合了戏剧表演、影像播放和实时互动的方式，将历史事件生动直观地呈现在参观者面前，可谓是博物馆基于自身实际摸索出的沉浸式虚拟展示道路。世界各大博物馆都有类似的环形剧场，用于推进此类沉浸式的虚拟展示。同样，在上海世界博览会（简称：世博会）中，沉浸式虚拟展示技术各显其能。国家电网馆主展项"魔盒"全景式影像展示厅，号称"720°幻象空间"。在这里，参观者被六面全屏幕空间包围，屏幕的物理尺度在视觉上无限扩展到更深的虚拟空间，产生更广阔、独特的影像，讲述电力如何满足中国这样一个幅员辽阔的国家的用电需求，以及如何穿越3 000km以上的距离传递电能。在这个"魔盒"里，参观者"在变幻莫测的全景动画中，经历一场身临其境般的梦幻体验、绝妙的视听之旅"。

以上的描述和案例介绍，大致能描廓出沉浸式虚拟展示的外形。不论是头盔式虚拟现实系统，还是综合虚拟展示类型，其目的始终是让参观者通过视觉、听觉、触觉等感受到身临其境的沉浸感。最后，借用戴维斯的描述来勾勒这一虚拟展示："沉浸的虚拟空间可以看作一个时空的舞台，在那里，精神模型或者世界的抽象结构都能得到三维的虚拟体现，并通过全身心地沉浸与交互在其中进行探索。"

第三节　博物馆展示设计中新媒体应用的需求分析

新媒体提供的新艺术形式和传递信息的方式有利于从一种全新的视角来发现博物馆藏品间的联系，也有利于达到新时代参观者的行为要求，满足人们多元化的需求，为其提供更好的参观体验。传统的博物馆展示设计主要是通过实体展品的方式进行展示，这种方式难以满足参观者需求。进入数字时代以后，数字展示设计除了进行空间展示外，还包括展品与布局、灯光等的结合，并充分发挥高科技信息技术的重要作用，有利于丰富博物馆的展示内容，保证展示内容的科学性。用新媒体技术不仅可以将展品与展示内容相结合，形成一个特色化、内容完整的展览，还能够不断提高参观者参与博物馆活动的积极性。近年来，随着数字媒体技术的发展普及，传统的静态展览已逐渐转向动态和交互式展览。数字媒体技术因其强大的交互性和海量的信息存储而被广泛应用于现代博物馆展示设计中。多点触控系统与投影区、图像采集器相结合可以确定参观者位置信息，不同的位置呈现出的画面也存在很大差异。全息图像是三维图像，可用于展示历史文物，参观者可以多维度观看影像。新媒体技术是确保展品得以有效展示的数字化手段。时代在发展，博物馆展示的设计目标也发生了较大的变化，尤其是随着人们收入水平的不断提高，艺术画廊、博物馆等逐渐进入普通大众的生活，丰富了大众的生活。展览作为一种全新的思想艺术，集合了传统文化，展示也要满足参观者的视觉和生理需求，使参观者能够感受到感官以及思想的融合、碰撞。博物馆需要参观者的积极参与，还需要接收大量的信息，对信息作出反馈。

一、博物馆展示空间的发展诉求

传统的博物馆展示大部分是以实物的形式呈现的，而展品本身的珍贵性和独特性无法使展品在空间环境中得到直接展示，展品需要放置在特定的光照、温度中，受多种因素的影响，参观者难以对文物进行直接观察，不能掌握更多的展品信息，这进一步拉大了参观者与展品之间的距离。

博物馆的展品大多历史悠久，蕴含丰富的科学知识，具有较高的学术价值。一旦进入博物馆，这些展品将被编号、分类和管理，并与原始环境分离，成为孤立的物体，这意味着参观者只能观看文物。此外，虽然传统博物馆中有许多展品，但大部分展品都摆放在陈列柜中。参观者只能观看基本外观，无法观察其具体的纹理或是雕刻，这显然不利于参观者了解展品的信息和价值，难以适应参观者的不同需求。

由于传统展示载体内容丰富，在结束展示以后，调整和更新展示空间要花费相应的时间，使信息传播内容无法引起参观者的注意。新媒体引起新的体验，以新的方式展示了世界。新时代的博物馆展示空间中有巨大的虚拟环境、大屏互动多媒体，创造了博物馆展示主题和新媒体技术之间的新关系、新体验，触发了参观者和技术媒介之间关系的新概念、新样式。传统的博物馆展示设计与图像相比较而言，就如挂在墙上的"教科书"，或者将展品摆放在陈列柜中，尤其是中小城市的博物馆在展示过程中仍然将展品保留在真实的东西和图片中。这样的展示设计形式单一，缺乏乐趣和生动性，展品展示缺乏和科学技术的结合，很难吸引参观者的注意。同时，传统的博物馆展示设计并未考虑参观者需求，主要是根据设计师个人意愿进行设计，信息传播形式单一，使参观者的互动性体验无法得到保证，也无法吸引参观者的注意，或是使参观者产生情感共鸣，获得更真实的互动体验，参观者只能产生所谓的"瞬间记忆"。今天的社交互动性体验已成为各种服务和商品质量的重要衡量标准。它主要以交互式多媒体接收信息为主，互动性体验良好，从而使博物馆展示空间可以满足参观者各方面的需求。

博物馆展示设计要素不仅包括展示空间形态、展品、版式、光照，随着高科技及信息技术的发展应用，陈列技术也成为博物馆展示设计中重要的要素。近年来，随着数字化媒体技术的发展和数字化媒体的盛行，传统静态、被动的展示逐步向现代动态、互动的展示转变。数字化媒体技术以其互动性强、信息存储量大等特点得以在现代博物馆展示设计中广泛应用。环幕动感4D影院、多点触摸系统、手机导览、全息影像等都利用了数字化媒体技术。环幕动感4D影院最大的特点就是立体化的四维空间，参观者在观影时，可感受到雷电、风雨、撞击、扫腿等发生在立体电影里的对应事件，产生身临其境的感觉。多点触摸系统主要包括桌面、地面投影技术，当有参观者走进投影区时，图像采集设备会捕捉到人的位置信息，同时传达给计算机，计算机根据人的位置移动呈现出趣味变幻的画面。手机导览是通过手机遥控技术及屏幕投影技术结合而实现的，参观者可利用自己的手机发送屏幕上的滚动数字到指定的号码，屏幕就会播放相应的视频，这就意味着参观者的手机发挥了遥控器的功能。全息影像是一种三维光影成像，可用来展示一些历史性文物，参观者可以360°观看文物影像。总之，陈列技术是保障展品得以有效展现的现代化手段。

二、迎合时代发展的诉求

新事物的产生与发展是符合客观规律的，是具有远大前途的，是时代的需求，是历史发展的必然趋势。新媒体作为新生事物，是符合历史与时代发展需求的。

当今社会是信息爆炸的社会，信息量、信息传播速度和处理速度等都是日新月异的。信息技术的空前发展改变了人们的生活方式和思维习惯，为公众交流信息提供了不同的、及时的、新颖的传播媒介。互联网与智能手机的普及，使公众的生活方式发生了翻天覆地的变化，影响着公众的传统生活方式和思维习惯，越来越多的人习惯了网上订票、购物、缴费、理财等生活方式，越来越多的艺术爱好者在网上观览博物馆、科技馆等的展览。

科技的进步促进新媒体的产生，新媒体技术的快速发展得益于科技的飞速前进，博物馆事业的蔚然成风依赖新媒体技术的快速发展及新媒体的融合应用。通信行业快速更新换代，当2G、3G正在使用时，4G已开始大力推广，5G正研发火热，未来的移动手机除了具备视频、语音、游戏等应用外，还可成为"万能遥控器"，实现万物互联。通信技术的不断创新，移动终端设备的不断升级，以及虚拟现实技术、增强现实技术、全息投影技术、360°

全景漫游技术、大型全息幻影成像、LED空间装置、4D影院等技术的不断涌现，为博物馆的展示设计提供了前沿的技术与设备支撑。

新媒体应用与博物馆展示空间得到了相关部门的支持与肯定。联合国教科文组织高度重视新媒体在博物馆展示空间中的重要性。我国对于博物馆建设发展也高度重视，制定出台了许多有利于其发展的措施。2015年初，《博物馆条例》上升为国务院规章条例，有益于博物馆管理和发展走上法治化、科学化和规范化的轨道。这些政策在一定程度上为博物馆应用新媒体带来了机遇和便利，有利于新媒体技术更好地与博物馆融合。

从世界范围来看，国家间、国际组织间及国内交流日益频繁，便捷的交通及发达的信息技术缩短了世界的距离，数字化信息已成为时代发展的主流，科技的进步与发展在促进信息社会发展方面起到了重要作用。作为时代的宠儿，新媒体在快速发展的同时正大踏步地迈进我们的生活，影响着我们的生活。

三、满足参观者心理诉求

缺乏参观者参与的博物馆并不是真正的博物馆。在大不列颠号蒸汽轮船博物馆，参观者可以沿着干船坞行走，感受人们为保护这个船坞所做的努力。在这里参观者可以拥有逼真的沉浸式体验：隔着透明的有机玻璃，海水在头顶流动，阳光通过海水折射进来。在这座博物馆中，新媒体的应用可以让参观者感受不同体验，而且可以进行线上线下切换，博物馆展示的媒体信息传播形式极大地激发了参观者的热情。因此，博物馆的展示设计要考虑参观者的视觉需求和生理需求，参观者期待新媒体的到来。新媒体的应用既增添了文化遗产传播的渠道，又拉近了参观者与博物馆之间的距离。在博物馆展示中，媒介信息传播形式对参观者的认知产生了极大的刺激。因此，博物馆展示设计要以参观者的视觉、生理需求和心理需求为必要前提。

美术馆、博物馆有利于丰富民众生活，人们参观博物馆的次数也在增加。随着居民收入水平的提升，有的参观者参观博物馆是为了获得更多知识，有的是为了加强学术研究，有的是为了满足自身的休闲娱乐需求。博物馆展示空间活动越新颖、形式感越强，参观者的观展兴趣就越大。参观者在观看展览期间可以获得知识、丰富情感、引发思考、进行互动。新媒体手段的应用可以最大化地协调不同参观者对展览的多样化需求。身处博物馆"陌生"环境中，部分参观者不得不利用大量的资源推动、规划他们的访问。博物馆中参观者的行为是无法也不能控制的，这就要求博物馆展示空间的展示系统具有多样性。意大利都灵博物馆采用多媒体方法来解决这种冲突矛盾，馆内利用艺术手段展现出了地域文化，并且历史和艺术博物馆使参观者有更真实的体验。他们甚至还在多个展厅中设置了大量的多媒体设备，自行为参观者呈现展厅的基本内容与相应特点，参观者可依据个人喜好确定参观内容。这有利于满足参观者对展览多元化的需求，以及对层次性、多样性的需求，也有利于充分展现博物馆自身优势。博物馆的展示设计主要面向参观者，这样任何博物馆都能吸引更多的参观者，也能使博物馆以某种方式控制参观者的访问。另外，在博物馆参观期间，参观者自己的认知系统始终扮演主人的角色，并使用该系统解释他们在博物馆中所接触到的内容。因此，在博物馆充分利用原有展览手段的同时，寻找公众熟悉和认可的媒介和信息手段对博物馆展览尤其重要。

不同类型的参观者往往有不同的需求。不同类型的参观者所具有的知识水平及文化层次有所不同，设计者在进行展示设计时要全面、充分地考虑到不同类型参观者的身心诉求，通过多种媒体技术满足参观者生理和心理的需求。博物馆参观者主要包括如下四种类型。

一是专家型参观者。专家型参观者属于文化层次相对较高的参观者，往往具有一定的专业知识及丰富的阅历，他们参观博物馆的目的性很强且针对性很高，他们更希望来博物馆后迅速找到相关展品及信息，同时他们渴望能够获取更多的展品信息以使自己的研究更具深度，而新媒体中的定位服务能更好地实现信息的推送，增强现实技术能实现展品细节的展示，正好与他们的需求相符。

二是求知型参观者。这类参观者主要是青年群体，特别是学生及一些文物爱好者。这类参观者具有较强的学习主动性，他们对展品的功能及相关背景知识有强烈的求知欲，以实物及简单的图文为主的传统展示已难以满足他们的需求，新媒体中的增强现实等技术有利于更好地满足他们的求知欲。

三是休闲娱乐型参观者。这类群体比较复杂且人数相对较多，他们观展的目的主要是休闲娱乐，他们的注意力主要放在展品的外观及展示形式上，希望展示形式、展示手段能够多样化，具有互动性及趣味性，能够在一种轻松愉悦的氛围中参与互动体验。而新媒体最大的特点就是互动性、形式的丰富性，如触摸技术使参观者可点击屏幕获取信息或观赏视频等；环幕技术具有很强的视觉冲击力，能呈现出现实与虚拟结合的完美视觉画面；虚拟现实技术可以创设一种逼真的虚拟环境，使休闲娱乐型的参观者在虚拟博物馆中"神游"。

四是青少年教育型参观者。这类参观者一般是指18岁以下的青少年儿童，这类参观者比较特殊，属于被动地接受知识的参观者。他们的注意力往往不太集中，但有一颗强烈的好奇心，特别是对新奇的、有趣的事物感兴趣。所以，展示形式要抓住青少年的心理特征，应融趣味、互动与游戏于一体，设置专门的讲解及设置互动体验区。青少年除了在课堂中学习知识外，大量的科学课程需走出课堂，到自然及博物馆中学习，而博物馆里的导览大多都还是人工讲解，人工讲解的范围比较受限，也无法涉及所有展品，一些专业术语青少年难以理解且缺乏互动性和趣味性等，这就迫切需要新媒体的融入。有了新媒体的加入，青少年学生可以找到自己喜欢的展品，通过智能手机扫描获取视频、图像等相关信息，还可与展品互动，提高观展兴趣。手机、互联网等新兴媒体与传统媒体理念、形式、功能上的融合，使受众对媒介的依存度提高成为必然。智能手机和互联网的强强联合使海量的网络信息控制在了受众自己的移动终端上，受众可通过移动终端实现GPS定位、网络购物、理财、支付、办理日常事务等。因此在展示空间中，博物馆为顺应参观者的需求必然要加入新媒体的应用。

博物馆展示设计的主要服务对象是参观者，任何一个博物馆都在吸引更多的参观者观展。了解和顺应参观者的身心诉求有利于更好地促进博物馆文化信息的传播，文化信息的有效传播必须尽可能地满足参观者的需求，展示形式必须最大化地感染及吸引参观者。

四、弘扬和传承传统文化的需求

厚重的、古老的博物馆文化与新媒体技术的结合是信息时代发展的必然。随着国民文化素质的提升以及精神文化需求的增长，博物馆文化正逐步融入公众的精神生活，同时数字化新媒体技术的出现及其快速发展给博物馆文化的传播带来了新的内容及形式，数字化新媒体正以前所未有的方式推动博物馆文化最大程度、最大范围地传播开来，不仅为传统文化的传播提供多样化的形式，还给参观者带来丰富的体验方式，从而更好地传播文物的价值及内涵。

在博物馆展示设计中，新媒体的应用有利于提高公众思想道德水平和科学文化素质，有利于促进文化的交流，有利于展示人类的文明，能够在很大程度上满足公众的精神文化需求。当今信息技术的发展突飞猛进，甚至超出了人们的想象，公众也已习惯运用网络或是移动终端获取信息。新媒体技术与博物馆展示设计相融合，有利于建设高水平的、中国特色的博物馆，能够促进中华传统文化的传播。同时，文化的大发展、大繁荣也为博物馆发展创造了良好的机遇，博物馆作为文化传播的重要阵地，要始终为弘扬和传承优秀传统文化不懈努力。

第四节 博物馆展示设计中应用新媒体技术的优势与原则

一、博物馆展示空间中新媒体技术的优势分析

在博物馆展示设计所采用的新媒体技术方面，虚拟现实是其最重要的技术手段，它主要用来增强展品的现实感，并提供定位导航服务、触摸屏等。这些新媒体技术有着极强的交互性，彻底颠覆了传统的展示手段，更生动、有趣、直观地把展品展现在了每一位参观者面前。博物馆的展示设计与策展人、展览主创人和展示设计师密切相关，再融入新媒体技术，尊重历史，围绕文化主题，运用陈设设计语言予以合理表达和艺术再现。在博物馆展示空间中让新媒体技术辅助展览形式会使参观者的参与更频繁，从而创造有生机的艺术效果。

目前，博物馆展示设计中，新媒体的内容十分丰富。要特别指出的是，这些形式不是孤立的，它们是可交叉并且可以组合的。新媒体超越了传统展示形式，使博物馆文化主题充满动感，同时增强了交互体验的功能。具体来说包括以下几点。

（一）信息海量，灵活多变

博物馆传统展示方式受时间和物理空间的限制，特别是受博物馆场馆空间面积的限制，不利于展览文化信息的传播。借助数字新媒体，博物馆为参观者呈现的信息是数字化的，并且可借助视频、声音和画面呈现出来，还能够在计算机数据信息库内存储，参观者可随时通过网络调出自己想参观的内容进行观看，这摆脱了物理空间的限制，减轻了博物馆展示空间的负担。例如，故宫博物院利用数据检索的形式来提供最新展览信息，参观者在庞大的数据库系统中查询展览信息只需几秒钟，这样在参观博物馆的过程中既节约了时间又提高了效率。

传统的博物馆导视系统中的指示牌和导视展板大都是以静置的状态固

定在墙上或放置在地面上的,导视内容一旦呈现就无法修改,若展厅结构或陈展信息发生变化,则需要重新制作新的导视指示牌,既会造成时间、人力以及资源的耗费,又容易因信息变更的不及时而误导参观行为,从而影响参观者的心情和对博物馆环境的印象。引入新媒体技术的博物馆的导视系统设计无论是在导视信息的呈现方式上还是内容上都灵活可变,展馆内的人流状况、展品信息、服务项目的变更都可在第一时间反馈给参观者;博物馆的工作人员也可以根据需要对导视界面的设计进行修改和变更,打破传统导视系统设计一成不变的视觉效果,为参观者提供舒适的视觉环境和参观感受。

(二)体验交互设计展示的生动性及趣味性

新媒体技术出现后,数字设备的发展丰富了博物馆展示空间设计的展示方法和手段。与传统的博物馆相比,新媒体展示关注参观者的体验感受,为参观者提供听觉、视觉、嗅觉和触觉的感官体验。参观者参与互动体验可以使自己从被动接受展览信息变为主动接受展览文化信息,从而在参观博物馆展示空间中获得更多的体验。新媒体技术一直被灵活地运用于博物馆参观者体验的各个领域。时代发展让博物馆看到了新机遇,即扩大新媒体应用范围并向新的方向发展。交互性是新媒体的共同特征,也是虚拟现实的一个非常重要的特征。交互性不仅包括视觉交互,还包括行为交互。行为互动是虚拟对象与参观者之间的互动,能够从心理上给人以极大的震撼。例如,借助数据手套,电脑可以快速地将关于对象的数据传输到数据手套。通过虚拟环境中对对象的操作,参观者可以收获由对象反馈的信息,从而建立与虚拟环境的交互关系。在经济全球化的时代,"体验消费"已经发展成了主要的经济消费模式,空间展示设计同样受到这种模式的影响。参观者的观感受到展示质量的影响,展示质量同样制约着参观者的体验感受,两者相辅相成。在进行展示空间的设计时,设计者往往会结合新媒体互动体验进行规划创新,从而构建出沉浸式的展示体验空间,让参观者能够进行虚拟情境体验互动,进而感受和现实展示空间不一样的全新体验。

坐落于纽约市曼哈顿第五大道的犹太人博物馆(The Jewish Museum)是一座通过历史文物和当代艺术品的共同展示反映犹太人文化的博物馆。这座博物馆的每个展厅前都设有一个多媒体装置,通过这个装置,参观者可以了解整个博物馆的空间结构以及当前展厅的展示主题、内容与展品特色。参观者在对整体环境了解、熟悉的同时可以根据自己的喜好决定展馆内容,这使参观者的游览行为变得更为积极。

在过去较长一段时间内，博物馆都是以展品为中心，但是从20世纪开始，参观者的地位渐渐受到重视，随之以参观者为中心的设计与服务成为现代博物馆塑造自身形象的重要手段。新媒体在这一演进过程中成为连接参观者与博物馆的新的桥梁，从而被引入导视系统的设计之中。这种打破了传统单向接收信息的新的传播方式充分调动了参观者的感官，使参观者在信息互动的过程中产生思考，并对信息进行及时的反馈。这在进一步完善博物馆功能与服务、促进参观者与展览之间的互动、增强游览的趣味性、调节和缓解参观过程中产生的疲劳感方面有着无法替代的优势。

（三）多维度立体展示的科技性

新媒体技术可以实现全方位、多角度地展示展品，如通过旋转或改变视角显示展品各种角度下的面貌，尤其是无法直接观看的部位。3D物体的动态显示也可以借助全息技术来实现，参观者的体验感受也能够因此得到增强。特别是对于一些受到破坏的文物，运用该技术可以进行模拟修复，文物的原貌并不会受到任何破坏。在博物馆展示空间中使用360°全景漫游可以制造虚拟大型场景，如在故宫博物院建立的虚拟场景再现系统中，展品的每一个细微之处都可以通过虚拟技术或增强现实技术实现展示。参观者利用虚拟技术，甚至可以分解展品的某一部分，可以观察得更加细致入微。这能够收到比实体展览更加良好的效果。通过增强现实技术实现这个目的也是轻而易举的，各国博物馆都借助这一技术还原了一些不可恢复的展品，参观者甚至可以观察到展品的每一个微小的细节。借助新媒体的技术优势，信息就会更加具体而生动地传递给参观者。新媒体技术就是借助数字化技术传达展品的艺术内涵，展品处于一个动态环境中，交互性极强，能够调动参观者主动探究的兴趣，这从某种程度上来说是对艺术品再造的过程，展品通过多媒体技术的应用给人以无限的艺术遐想。

二、新媒体技术在博物馆展示空间中的设计原则

（一）以服从传播展示目的为原则

在一些博物馆展示空间设计中，新媒体技术有利于实现更好的展示形式，因为它具有互动、新颖的特点。展览中的展品不是孤立的，而是整个展览的一个组成部分。要运用这种技术展现主题，需要尽可能加强其与参观者的交流沟通，不断扩大知识信息的传播范围。博物馆在展示空间中引入新媒

体技术，内容以及形式组合是其成功的关键，而非新媒体技术的应用形式。换句话说，新媒体元素必须与展示主题相符合，能起到促进展品与参观者交流的作用，而不是仅仅追求技术之"新"。

（二）坚持互动体验的原则

《周易》曰："生生之谓易。"这体现了人与自然之互动。世界上的一切都是彼此和谐的。新媒体与交互体验的技术相结合，能够使新媒体展示以更直接的形式被参观者所接受。据相关研究，参观者可以通过简单的听觉记住20%的信息，而互动体验则能够使信息记忆上升到50%，也有利于参观者产生情感共鸣，获得良好的互动体验。因此，设计应更加关注受众的需求，更加关注受众的参与和互动。

（三）内容与形式的统一

博物馆展示设计中新媒体应用的基本原则是内容与形式相统一，并以最佳的观看效果呈现博物馆的主题和内容，也就是使技术的应用既要满足形式上的需要，又要满足展示主题的要求，使内容充满魅力。

适当地应用新媒体技术形式有助于进一步丰富博物馆展示空间的展示形式，并为参观者带来全新的外观和感受体验。从另一个角度而言，参观者希望应用新媒体技术对展示空间形成全新的认识，而不是仅仅有内容，这样容易缺乏吸引力，这也是设计师为何将他们的见解浓缩成简单的互动，并使内容与形式相统一，不断扩大技术应用范围，使设计内容更加简单，从而得到更好的展示，对参观者产生更大的吸引力。因此，博物馆展示空间的设计，要让艺术和新媒体技术融合在一起。

丹麦国家海事博物馆的导视系统在新媒体的应用上可圈可点。在这个向参观者展示丹麦航海史的综合空间中，海战历史展示区以蓝色为空间环境的主基调，给参观者较为压抑沉闷的心理暗示，与海战史相关的资料画面通过投影仪投射在走道的墙壁上；而海运与贸易展区的展示空间则显得较为开阔，投影仪在展区四周的墙壁上投射出海面的动态影像，伴随着微微的海浪音效，参观者仿佛置身于一艘正在汪洋中前行的舰船的甲板之上。以上两个展区通过新媒体的引入为参观者营造了不同主题的展示氛围，但它们又自然地融入海事博物馆的整体形象中。

（四）操作力求简单方便

操作方便快捷不仅有利于更好地吸引参观者，培养参观者对展品的兴趣，也有利于创造良好的展览环境，而复杂的操作则会使参观者失去耐心，甚至不会使用。同时，参观者如果将更多精力放在应用程序上，则会忽视展览自身的重要作用，这不符合博物馆引入新媒体技术的初衷。由此可见，应用程序的相关操作要尽可能方便，使参观者通过这一操作对展品形成全新的认识，在这种条件下，应用程度要更加简单，只有这样参观者才能够利用新媒体技术获取有价值的信息。

第五节　博物馆展示空间中新媒体技术的价值体现

社交媒体越过了性别、政治、经济和年龄等所有界限，是一种全世界范围内很普遍的交流方式。新媒体将帮助参观者以更加有意义的方式与展品进行互动，而不仅是作为观看者。科学技术的发展带来了深刻的社会影响，博物馆正在不断融入当代的社会事件中，它正在从那些被往事、藏品所占领的机构变成公众可以找到有关当代社会观点以及由人类故事所主导的机构。科技创新的价值是不可估量的，新媒体技术是21世纪典型的高技术，给受众提供了更加直接的体验。从博物馆展示空间设计来看，它反映了新媒体的美学价值，扩大了博物馆的艺术影响和文化交流。

一、审美价值——提高参观者的审美素养

新媒体技术和形式并不具有单独的审美特征。虚拟世界创造了一种可能性，让参观者可以在与审美对象保持相当遥远的距离，甚至不与审美对象保持同时性的情况下，仍然有艺术性审美，而这种审美是信息时代的新媒体技术为博物馆展示空间带来的巨大革新。审美素养是一种现代审美素质，反映了人格、思想和道德的升华。在新媒体技术手段的帮助下，博物馆生动形象地把美学价值展示了出来，并且在技术手段方面，它对参观者更具有吸引力。一旦参观者的兴趣被调动起来，他们会更加积极主动地对美感进行体验，展品的审美价值也可以更加充分地显示出来。精神是艺术的本质，而博物馆是艺术的承载体。博物馆在展示设计中利用新媒体技术，实现了时空转

换，将参观者的审美情趣融入其中，提高了参观者参观时的主动性，使参观者的体验更加具有交互性。虚拟世界的审美经验的神奇之处是将不可能存在于物理时空观的虚拟景象变成参观者的审美经验，而这种审美经验直接刺激了参观者的感官，使参观者的参观体验也因此丰富了许多。

博物馆展示的目的主要是传播国家文明，而不是单一地对展览物品本身进行展示。文物展览是文明传播的主要形式之一。在博物馆展示空间中运用新媒体解放了传统思想，能够促进科学和技术的发展，充分把展品的潜能挖掘出来，推动技术艺术化，提高人们的艺术感知力，使人们的思维空间得以拓展。"美感起于形象的直觉"。在美学和艺术理论的推动下，信息时代的非物质形式逐渐地走向艺术的殿堂，让参观者对虚构的世界的审美不再感到虚妄，而是感到一种真实的审美。在虚拟世界中，先进的3D技术可以制作出比物理空间更为真实、也更唯美的形象。

二、市场价值——提升博物馆的竞争力

要使博物馆具有持久的生命力，它必须适应时代的发展。博物馆的数字展示可以为展览创造一个丰富的数字图层，而且新媒体是一种有效的、低成本的工具，它使博物馆与社群之间可以开展更高效率的对话，博物馆的竞争力也可以因此得以提升，所以博物馆建设一个更好的数字环境的需求不断增加。在"复兴之路"大型展览中，新媒体手段被广泛应用，设计理念比较前卫，并且结合了多媒体技术。例如，"青藏铁路"采用多媒体高清投影技术，以相等比例模拟真车，营造一系列驾驶环境。驾驶座位上安装了网络查询系统，参观者可以在系统上查询铁路概况，也可以在驾驶室中通过控制广播系统进行虚拟火车驾驶体验。

韩国全州博物馆中的展览是对思想意识和历史的融合，它把高深的知识简单地科普了出来，尤其互动体验给人耳目一新的感觉，在新媒体技术背景下，展览效果良好。这个展览是一个利用新媒体技术的经典例子，给人一种宏大的心灵冲击，把历史文脉的发展体现得淋漓尽致。新媒体进入博物馆展示空间后，参观者可以更为深入地探索博物馆的宝藏，之前的实体门槛消失了，文化遗产更容易被分享，社群更容易接触到自己所关注的文化遗产的官方领域。

为了在经济方面获得良好的效益，除展示内容必须新颖外，展示形式也非常关键。由于数字化技术的发展的，参观者不再受物理时空的限制，可以徜徉在虚拟展示空间中，自由地查看虚拟展览信息和欣赏数字电影。以故宫

博物院为例，参观者观看展览的热情，使故宫博物院每日参观人数达到百万人次，但信息技术的应用使参观者再也不用必须到现场来参观体验了。与此同时，展品从静态到动态的转化，也拉近了故宫博物院与参观者的距离。新媒体技术的应用，使博物馆给人以更加亲切的感觉，吸引了更多参观者的注意，每天都有成千上万的人进入故宫博物院，尤其是黄金周等节假日期间，甚至超过10万人次，故宫博物院的参观人数大大增加，从而提升了传统展览的竞争力。

三、文化价值——增进文化认同感

博物馆是一个教育基地，能够发扬中国优秀传统文化和爱国主义，是研究、保存、展示国家文化遗产的重要场所。中国有5000多年的历史，国土面积广阔，民族众多。在不远的未来，数字技术将继续致力于改造我们的物理时空，如虚拟技术的进一步使用，将会使我们在更为立体化的空间中欣赏数字技术虚拟出来的艺术景象。正如我们所了解的那样，博物馆掌握了海量文物，如何将这些文物的文化价值全面地发挥出来，为传统文化的传播和传承提供支持，值得我们给予重点关注。客观上来说，博物馆是通过展览的方式展示、传播文化的，它将历史的原本面貌重新展示在人们面前。通过在博物馆的参观，参观者可以对我国文化史和中国传统文化的巨大体系形成更为系统的认知。通过新媒体技术与展品的结合，展品的文化内涵将以更加新颖的方式得到诠释。将包括VR技术在内的数字新媒体互动技术应用到博物馆的空间展示设计上，能够在一定程度上提升博物馆展品的展览效果，进而使参观者更加熟知各个时代、各个历史时期的人文风貌，这也同样有着不容忽视的重要意义，它是突破时间、空间限制，有效拉近展品和参观者之间距离的可行路径，值得我们给予应有的关注和重视。博物馆的文化内涵能够默默地滋润公众，更好地促进文化的传播。

第六节　新媒体技术在博物馆展示空间中的艺术表达

相较于传统的静态艺术展览，用新媒体技术展示展品更具有趣味性和实用价值，但是其多元化的复杂性也使这种展示形式存在问题，使博物馆的展示效果达不到预期目的，影响了展品的艺术性传达。新媒体技术本身显然并不具有任何审美特征，但是，将其创造性地引入主题展览中来，可以形成学术性意图，从而为文化的传播奠定了坚实的基础。客观上来说，博物馆展览的美学本质是通过新媒体手段重新赋予其更具有延展性的展示形式，并以此为基础吸引更多的欣赏者。我们必须清醒地认识到，艺术是精神和思想的艺术，而博物馆作为艺术展示的重要载体，它的展览体系设计者应将展览的客观规律和审美情趣、受众审美感官等整合到一起，从而为展览效果的提升提供巨大的支持，成功地激发参观者参与的积极性，为参观者审美需求的有效满足提供极大的帮助。

新媒体在博物馆展示设计领域发挥了重要作用，特别是在信息化展览出现之后，新媒体技术是展览展示设计和信息传播的最佳组合，并成为"新"博物馆展示语言。博物馆是故事讲述者和制造者，新媒体的运用有利于信息的有效传播，可以分担传统媒体展示和传播的责任，但过度设计和滥用新媒体将影响文化信息的传播。

一、科技与艺术的关系

（一）文化的放大性

新媒体体验空间设计的产生顺应了艺术与新媒体技术结合的发展趋势。新媒体技术主要是利用多媒体平台进行信息传播，现行的空间艺术设计大都是通过虚拟现实技术与物理时空相结合的感官体验展示空间设计。这种设计方式的目的主要是利用虚拟现实技术将展示信息传播的效果发挥到极致，让参观者沉浸在多元化的空间体验中，增加互动体验的效果。艺术是人类文明发展进程中的必然产物，推动着人类非物质文明的发展，也是博物馆馆藏展示不可或缺的存在。艺术不仅可以体现出各时代人们的生活习性，还是人类精神文明的反映。社会的发展离不开艺术的烘托，艺术的发展也离不开社会的潜心构创，故而二者同步进行、相得益彰。经过岁月的洗礼，博物馆馆藏展示已经发展成为人类传播艺术文明的最佳途径。

将参观者和展品有效地整合起来，是博物馆展览的根本意图之一，它可以通过激发参观者观赏的兴趣，引起参观者精神层面的共鸣，从而将展品本身所代表的艺术价值、文化价值传递给参观者。并且，在欣赏艺术展品的同时，参观者还可以通过视频图像了解展品的制作过程。而通过各种科技手段进一步强化博物馆的馆藏展览形式，不仅可以极大地提升藏品的艺术美感，同时其所构成的特殊艺术展示空间也为参观者了解藏品背后的故事提供了极大的方便，如张之洞与武汉博物馆所设置的展览装置，将金色的灯光和黑色的布幔有机地整合了起来，形成了一个颇具审美感的展示空间，而中间五台显示器循环播放张之洞的历史事件，五个屏幕所展示的事件彼此之间还有一定的交流或互动，营造了一种座谈会的情景，这对于引发广大参观者的共鸣显然是有着重要的积极意义的。这意味着参观者的心理与审美客体之间达成了高度的契合，进而为陶冶参观者的美学情操提供了良好的环境支持。

（二）信息传递的快捷性

博物馆展示的本质是文化。事实上，无论是人文博物馆还是自然博物馆，其本质都是人类漫长发展过程中一系列文化现象的提取。因此，博物馆藏品大多有着深厚的历史文化底蕴。例如，明清家具已经传承了数千年，不仅有着重要的研究价值，而且其深远的历史价值也同样值得我们给予其应有的关注和重视。之所以珍藏这些藏品，根本目的在于保存其文化价值，为后代形成民族荣誉感、国家认同感提供支持。

（三）丰富的表达性

新媒体展示提供了一种具有较强创新特征的展览方式，它将传统的静态展览转变为现代化的动态展览，使枯燥的学术和知识的展览变成有趣和令人愉快的展览，它利用创新的展示手段、丰富的展示内容向参观者展示展品的独特文化价值。国家的价值观、文化导向正是通过文化传播的方式渗透到广大群众中来，并由此产生凝聚力、向心力。可以说，民族精神的形成和强化离不开文化认同。

随着新媒体的出现，人们的思维方式和艺术审美都发生了很大的变化。以往的参观者在博物馆中仅能单一地、粗略地观察展品，现在人们可以使用移动互联设备多角度、细致地观察博物馆的展品，并使用高科技了解展品背后的故事。不管是信息的传播方式，还是人们的思维方式，在当前新媒体普及的时代背景下都出现了很大的变化。在信息时代下，人们的审美也发生了一定的变化，这种审美的变化直接影响着艺术的设计。对于新媒体技术，人们不能简单地认为这是一种信息的更新，更不能认为这是换汤不换药的改变。在新媒体普及的时代背景下，人们主动接收新信息，这为人们的日常工作和学习提供了极大的便利，增加了人们之间的交流和互动。通过这种新的媒体技术，人们在移动设备上了解、观察展览展品，这种展览的方式改变了人们的审美观念，也对艺术精神做了新的阐述。

（四）艺术价值的时代诉求

新媒体技术已经开始走进我们的生活，其所具有的特殊审美价值值得我们给予其应有的重视。实际上，新媒体支持下的艺术形式，是人类精神中不可分割的重要内容。而新媒体对展品艺术价值的态度就像是"看不见的手"，它引导全社会认识世界的善恶、美丑，形成正确的价值观。从文化意识的角度来看，这将大大提升我国各种文化的民族认同感。以中国传统文化为基础，全面推动新媒体技术在博物馆领域的应用，有着极大的现实意义。武汉的张之洞与武汉博物馆是2018年正式开馆的博物馆，该博物馆是一个教育基地，旨在弘扬中国优秀的传统文化和爱国主义。新媒体在为馆藏藏品和参观者之间搭建沟通桥梁的同时，其作用和功能也同样得到了学术界和业界的广泛关注，为博物馆在设计中更好地运用新媒体提供了很好的范例。

二、创新思维是新媒体艺术向前发展的原动力

（一）娱乐化的方式融入互动体验

后天的欣赏和实践能够逐步培养个体的艺术修养。随着博物馆中新媒体应用的增多，参观者不仅可以欣赏艺术展品，还可以通过视频图像了解展品的制作过程。博物馆积极主动地引入新媒体技术，可以为广大参观者审美需求的满足以及审美能力的提升提供强有力的支持。这不仅可以极大地提升展览效果，同时对于参观者更为深入地了解、掌握藏品背后所隐藏的故事也有着不容忽视的重要作用，参观者所形成的共鸣正是我们开设博物馆的初衷之一。

在新的时代背景下数字技术和传统文化不断碰撞，我们很难将传统的文化保留下来，但是我们要积极主动地将新媒体技术和传统的文化协调起来。这是博物馆必须强化的，因为博物馆只有强化这一方面，才能使人们更加重视传统文化和新媒体技术之间的融合。博物馆的作用是将历史文化传承下来，讲给青年人听，新媒体技术的发展将博物馆的信息进行有效的传播，做到了对传统文化的传承。笔者通过对张之洞与武汉博物馆的考察，发现新媒体在当前时代背景下发挥了很大的作用。博物馆在利用这种技术展览展品时，不是专注新媒体技术的研究，而是主要看博物馆展品艺术的价值所在。当前，计算机技术快速发展，虚拟技术也得到了很大程度的运用，新媒体技术正在逐渐地进入展馆空间的设计中，虚拟性的展示是我国未来博物馆发展

的一种趋势。为了将这种新媒体技术更好地运用在博物馆中,我们需要发掘新媒体技术和展品之间的关系,分析研究新媒体技术在博物馆展品中的作用,分析讨论怎样才能更好地处理新媒体技术和博物馆之间的关系。笔者希望通过本书的分析研究,解决当前博物馆发展中遇到的局限和不足,同时改变传统单一的博物馆展示形式,促进新时代背景下博物馆的发展,实现传统文化和新媒体技术的相互统一,使博物馆的展品更加多样化和个性化,更具艺术性,能够让参观者更喜欢博物馆的展品,通过这种方式增加参观者对博物馆文化的了解和传播。近些年来,比较出名的新媒体技术展示有很多,其中日本艺术团 teamLab 制作出了幻景极美的作品《花舞森林》(Flower Forest)。作品呈现给参观者的艺术画面是一个如仙境般的梦幻世界,这里鸟语花香,伴随着动听的音乐,微风徐来,使参观者感受到自己正在花海中徜徉,偶尔徐徐漫步,享受悠闲岁月,潇洒度时光。这个幻境是由工藤岳等人创建的,他们利用新媒体技术将光、影、声乐、动态画面等融合在一个空间中再呈现给参观者,将迷失、沉浸与重生的主题鲜明地表现出来,让参观者有一个美好的感官体验。创作这个作品的灵感来自旅途中姹紫嫣红的花朵。花儿是自然界的美学象征,四季更迭、轮回辗转之间,各个空间区域的花儿都呈现出不同的气象风貌,而参观者也融入这一艺术作品之中,以轻松慵懒的心态闲观花开花落,这些都是通过高科技打造出来的空间幻境。设计者将参观者融合在这些花卉当中,使之成为作品的组成部分,人群集聚的地方百花争艳,而当人们用手去触碰这些花朵的时候,它们会开始凋零,这是利用新媒体技术设计出的沉浸式的展示效果,为的是让参观者摆脱物理时空的桎梏,品味梦幻情境中的春夏秋冬,进一步实现参观者和展示空间之间的交流互动。此时,参观者与繁花融为一体,两者互相影响,纷飞的花瓣像是无边的花雨,又像是舞动的精灵,呈现出调皮生动的一面。展览中,新媒体技术的应用使每一朵花儿都不相同,人沉浸在花海当中,花伴着人竞相盛放,让参观者享受着自然之美,同时让参观者忘却浮躁、忘记时间,在虚拟世界中体验到与自然和谐共处的境界。而实时运算技术正好迎合了参观者对展示的需求,将时空中的一切景色打造得美丽无比,让参观者恋上这片美景,并与之结下一段不可割舍的缘分。

(二)创新思维由物质向非物质转变

由于现代科技越来越成熟,人们在科技应用上的思维也越来越开阔。近些年来,展示空间的设计开始由传统的实物展示向非实物展示过渡,现行的展示效果是在传统展示的基础上融入新媒体技术和互动体验等因素，使展示信息更好地传达出来的。非实物展示通常是运用虚拟现实技术将物体完美成像，在物理时空中融入虚拟情境，进一步丰富参观者的观展体验。"花舞森林与未来游乐园"是2017年日本新媒体艺术团体teamLab在798艺术区内举办的中国首次大型个展，艺术家通过多媒体技术与现实时空的结合，再融入参观者互动因素，给人以视觉上的享受。他们采用现代化虚拟现实科技使参观者沉浸在美轮美奂的幻景当中，营造出一种人与自然和谐发展的氛围，让参观者的五官感受都能够得到满足，这就是艺术的最佳表现形式。现代的艺术家大都会利用新媒体手段进行作品的创造设计，因为观赏作品的主题是人，因此艺术家通常会将人的感官体验作为作品设计的基础，让人在观赏对能够沉浸到作品中，通过互动的形式加深参观者对作品的印象，同时更好地传达作品的信息，让人进行无限深思，回味无穷。

新媒体艺术团体teamLab的作品《被追逐的八咫鸟、追逐同时亦被追逐的八咫鸟、超越空间》，显示的是一群八咫鸟相互追逐嬉闹的场景。八咫鸟又叫作三足乌鸦，被日本人视为吉祥神兽。画面在呈现之前展示空间一片黑暗，展示场地中间安置了一个聚光灯，汇聚出一个光区，让参观者的目光都集中在这块区域中。在展示区域中，参观者可以随意走动，无论在任何地方都被3D影像所环绕，从而运用新媒体科技中的光影效果将八咫鸟在宇宙飞翔的画面成像在展示区域的各个地方。八咫鸟在翱翔时，会带出一道道三维的光线轨迹，呈现出美学效果。这些鸟儿非常聪明，它们能够识别参观者的所在，在嬉戏的过程中也会通过自身的应激能力躲避参观者，如果实在是避无可避，则慢慢化为花瓣消散于天地间。在展示空间中，参观者感受不到空间的界限，慢慢沉浸在展示画面中。作品的幻景渐渐超出了物理时间与空间的界限，让人置身其中，和自然情境融为一体。当三维光线束出现时，参观者会慢慢产生身处宇宙太空的错觉，感觉自己和鸟儿一同在时空中穿梭。参观者渐渐忘记自己是在虚拟时空中，以为自己正身处太空。展示作品不是将已经准备好的动画进行循环演播，而是通过专业的网络程序设置实时呈现的。就像是瀑布中的水流从上至下，蜿蜒而去，无法回溯，不同的时间呈现的影像都是全新的。

另外，作品在引用虚拟现实技术时，是以真实景象为基础进行场景模拟的，并运用虚实结合的手段来解决仿真装置动感不足的问题，进一步加强了展示效果。而且，新媒体技术应用之后，展示空间不再是只限于远观的尴尬状态，而是融合了与参观者互动的形式，将复杂的图景具象化，既能够传达展示信息，也使参观者对其产生浓厚的兴趣。

由于现实展示通常会受到空间大小、结构、形态等因素的影响，展示效果不能达到预期，限制了信息的完整传达和设计内容完全展开等。针对这种情况，设计者大都会利用现代科技将二维空间进行三维扭转，通过虚拟技术实现展示空间的动态化，同时将时间维度运用得得心应手。展示界面不再是传统的事物摆置，参观者观展的方式也不再受到空间的局限，而是有了更加广阔的视野。而且，这种视野不仅仅是虚拟情境，而是会让参观者突破时空界限的全新情境。一般情况下，展览馆受到场地的限制，展示的事物不多，给参观者的观感效果也同样大打折扣。而多媒体技术的运用正好消除了这种弊端，它可以把现实中有限的空间进行无限放大甚至改变时间的流速与空间的场景，将展现空间更加合理、充分地进行利用，给参观者最好的观展体验。

三、新媒体技术在博物馆展示空间中的表现力分析

（一）新媒体技术的科技化展示

展示设计不能脱离空间，只能以依附的形式呈现艺术的表达，换句话说，就是利用有限的空间进行艺术作品的信息传播。随着现代科技的不断发展和人们物质生活水平的提高，人们对于体验消费的要求越来越高，所以创作者往往会在创新设计中从观赏者的角度出发进行展示空间的创造，从而将有限时空的展示信息进行无限扩大。

1. 物理空间沉浸

展示空间突破了传统实物展示的局限性，博物馆运用新媒体技术可以将展览信息融入展示空间中，将物理空间与虚拟时空结合，打造出独一无二的体验空间。日本设计大师原研哉曾经在他的作品《设计中的设计》中提到："人类脑海中形成的具象实物来自身体感官的集成。"人类的大脑与感知器官之间有着某种联系，感知器官将从外界收到的各种信号转变成数据传送到大脑中，大脑中的中枢神经系统再进行数据整合处理，这样就形成了人的五感，人类将五感汇合成自身的心理感受，进而实现对外界事物的认知以及衡量。现代展示设计其实也是一门感官艺术设计，早前这种设计只是以人们的视觉效果为切入点来研究，但是随着人类日益变高的要求，艺术设计者着重关注展示空间与参观者的互动体验效果。因为现有的新媒体技术刚好能够

实现这一点，所以当代的艺术展示已经演变成了多元化的动态空间展示，让参观者的各个感官都能有美好的沉浸式体验。现代高科技中最常用到的就是五感中视觉和听觉两个感官，它们能够使参观者产生眼前一亮的效果或者是聆听到美妙的声乐，但是要想给参观者沉浸式的体验感受还需要其他感官的相互配合。比如，VR是当下展示设计中应用较多的一种新兴科技，这种体验技术不单单能够让参观者感知仿真幻景，还让参观者有了身临其境的观感体验。一方面，要想使参观者有一个视觉沉浸式体验，就要满足以下三个要求：一是要有较为开阔的视野；二是设计的虚拟情境尽量真实流畅；三是设计中要考虑到参观者的互动体验。三者相结合才能让参观者的视觉体验质量大大提高。另一方面，在参观者的观展体验中听觉也是非常重要的。一般来说，人类的听觉通常是为视觉做辅助增加视觉感知效果的，如果展示设计引入听觉这一因素，能够在一定程度上大大增强虚拟情景的真实感。听觉的具体效果有两点：一是通过直接语音沟通传达信息内容；二是通过视觉辅助增加感官体验效果，就像是双耳效应一般，利用人的听觉来感知声源的位置，增加沉浸效果。要想使参观者在展示空间内达到深度沉浸的观展效果，就要更多地利用其他感官，各种感官相互配合才能加深参观者对事物的认识以及体验效果。

2.心理空间沉浸

心理空间沉浸是参观者最好的观展体验状态，是指参观者突破了现有物理空间的局限性进而沉浸到设计者营造的空间氛围中的体验状态。我国大量的学者对人类心理影响因素进行研究，发现心理影响能够改变人的感知，在一定层面上可以丰富人的体验效果。因此，设计师在进行展示空间设计时，要以人的心理需求为出发点进行空间构造，进而使展示信息传达到位，实现展示的目的。与传统展览手段不同，新媒体把以人为本的理念充分展示了出来，从技术方面给参观者以极大的支持，展览主题因此也就更加鲜明地体现了出来。随着技术的不断进步，博物馆展示空间由于采用了新媒体手段，其人性化体验的设计水平将得到进一步提升。心理学家指出，人们对新鲜事物的触觉感觉体验效果要远大于视觉和听觉效果。因此，在新媒体展示中采取感官设计就显得非常必要，新媒体的传播效果也会更好。参观者在展览中通过感官能够体验得更加传神，所以，展览组织者要做到换位思考，充分考虑参观者的感受，把数字展览模式同参观者的接受能力和意愿结合起来通盘考虑。

（二）新媒体技术的个性化展示

博物馆有海量的文化展品，展览的目的在于宣传其艺术和文化价值，进而把历史传统文化弘扬开来。只有把这两种价值有机地融合在一起，参观者才能切身体会历史的厚重感。新媒体技术能够对文化场景进行生动传神的再现，借助数字新媒体，参观者甚至可以体验到穿越时空的感觉，对珍贵的文物可以零距离接触，甚至可以对文物进行模拟操作使用，从而提升文物的历史和艺术价值。

博物馆在运用新媒体技术过程中，还要高度重视审美价值。"美感来源于直觉。"新媒体技术借助生动传神而又丰富多彩的展示手段，通过对情境进行虚拟，把参观者的想象力与感知力发挥到了极致。精神和情感的交织为参观者带来了强烈的感官冲击，使其从美学方面感知展品较高的艺术价值。

当今时代，博物馆展览已经从图表型向影像型转化，并带领参观者亲身参与感知和体验，展品也因此更加鲜活起来，其艺术价值和审美价值得以鲜明地体现出来，博物馆展览也成为一种艺术行为。在新媒体背景下，信息交流在技术参与的条件下更加方便快捷，参观者参与更加深入，展品的艺术价值也可以更加鲜活地展示出来。例如，在湖南省博物馆中，辛追夫人墓室的空间借助虚拟技术被展示了出来，并且添加了神话故事的场景，汉代时期的生活场景得以模拟再现。在这种展览模式下，参观者的注意力被充分调动起来，他们直观地体验着汉朝时期的人文历史、艺术美学氛围。

第三章　基于数字媒体技术的博物馆展示空间设计

第一节　基于数字媒体技术的博物馆展示空间设计基本解析

在信息时代，人们对获取信息的方式与渠道有了更高的要求，这使得展览不再是以实物展示为中心的静态活动，而是在技术的支持下形成了多元化的形式。任何时期建筑的革新均不能脱离该时代取得的科学技术成就，新时代，我们不能再用传统的空间模式去承载全新的展示活动模式。当代博物馆的展示空间需要契合技术发展与公众需求，更好地适应全新的展示方式，使参观者有更丰富、更具层次性的临场体验。因此，本节从解析数字媒体技术与在其介入下博物馆展示活动的变化入手，进一步探讨数字媒体技术影响下博物馆展示空间的发展趋势，并归纳设计原则，为提出具体的设计手法提供相应的依据。

一、应用于博物馆展示活动中的数字媒体技术解析

数字媒体技术广泛应用于博物馆的展示活动中是引起博物馆空间发生显著变化的根本因素，因此我们要对数字媒体技术进行深度的分析。对数字媒体技术的解析将从类型、特征两方面入手。首先，具体分析在博物馆展示领域中数字媒体技术的应用类型；其次，解析数字媒体技术相较于传统展示技术的全新特征，为后文的展示活动转变与展示空间变化的分析做铺垫。

（一）数字媒体技术的类型

数字媒体技术具有复杂性与综合性，从不同的角度有不同的分类方式：从信息内容的状态角度可分为静态媒体技术与动态媒体技术；从信息来源角度可分为自然媒体技术与合成媒体技术；从组成元素角度可分为单一媒体技术和多媒体技术。

1. 静态平面数字媒体技术

静态平面数字媒体技术是指针对博物馆展品中的实物，利用摄影技术进行平面的拍照或数字二维成像。该技术通过数码相机或扫描仪将文物展品进行数字成像，然后利用图像处理软件对图片进行高清晰处理。博物馆展览中应用静态平面数字媒体技术的目的主要有三个：第一，有些文物展品非常易

损坏，如在空气中会被氧化而变色，随着时间的流逝有些文物可能会消失，有的不适合长期展览，如绢画等，这些珍贵的文物一出土就通过摄影技术将其原貌拍摄下来，通过图像的形式长久保存下来；第二，博物馆的藏品并不能把所有的实物展示出来，通过平面数字成像技术可将不能以实物展出的展品以高清晰图像的形式展示给参观者；第三，实物展览只能有少部分参观者到现场观看，为了能让更多的人看到博物馆的藏品，可以将通过该技术所得的图像以出版物或网络博物馆的形式传播出去，以起到更好的传播作用。例如，针对敦煌的壁画和雕塑、南京博物院的大量珍贵文物，相应博物馆可以将这些文物展品拍成照片，做成出版物向社会发行。

2. 静态立体数字媒体技术

由于展品的不同需要，应用立体数字技术的方法有多种，下面主要介绍其中的几种。

（1）三维建模。三维建模就是根据展品的照片或实物，利用计算机图像处理软件进行三维的建模的方法。这种方法主要是针对比较小的展品，人们根据对图片的比例、形态的分析或对实物实际测量，通过计算机图像处理软件三维建模得到立体图像。所得的图像仿真性强，细节部分刻画得比较准确。在这个方面目前比较先进的技术是文物表面纹理的拾取技术，它主要是利用三维扫描和三维建模技术得到文物的数字展品，以便更真实地将文物展品展示给参观者。还有一种是立体成像，是通过全景成像，即将展品各个角度的图像经过图像建模软件生成三维图像。这种方法得到的立体图像成本低、自动化程度高，但也有一定的缺陷，主要是成像的精度不高，细节部分表达不清楚。

（2）测绘建模。测绘建模就是通过实地测量或航拍得到实物的尺寸，然后再通过三维建模技术得到图像。这种方法不适合小展品，所得数据不是很准确，主要适合大型的遗址或建筑群。

（3）三维扫描。应用于工业设计的三维扫描系统在博物馆文物的研究和展示中发挥了重要的作用，它可以快速、精确地获得文物展品的三维模型，为博物馆文物的研究和展示提供了快捷的方式。它与传统的平面扫描仪相比有很大的不同：三维扫描仪获得的图像是立体的，不是平面的；扫描仪可实时获得物体每个点的三维坐标，这为物体虚拟仿真提供了有效的数据。研究人员通过三维扫描仪对文物进行三维扫描，一般情况下，获得扫描数据信息的过程可分为两个阶段：数据分析阶段和数据整合阶段。在数据分析阶段，通过拍摄获取原始的数据信息产生最初的形态数据，然后进行数据的分析。数据分析的技术有数据定点、成像、数据识别。数据整合阶段是一个关键的数据处理、重构过程，它将数据分析阶段所获得的信息转换成三维几何数据，如通过 NURBS 曲线、三角形面片等构建模型。

3. 动态平面数字媒体技术

（1）数字二维动画。数字二维动画就是利用二维动画设计手段和 Flash 动画设计制作，将博物馆中的相关知识以动态的形式展示给参观者，使展示的内容更加丰富，再结合相应的听觉技术，丰富展示内容的技术。它打破了静态平面技术缺少变化、信息量少的缺陷。

（2）数字平面交互技术。现代博物馆展示已经形成了自身的网络系统。该网络系统一般包括两个方面，一方面是在展厅中的局域网络系统。在参观展品时，对于一些展厅无法展示的内容，参观者可以通过局域网络系统平台获得相关的展示信息，系统、完整地获得展示知识。局域网络系统加强了展示的教育功能。另一方面是供外界了解和浏览博物馆展示系统的网站，这个网站可以为无法到现场的人群提供了解博物馆展示的有效途径。目前，网络技术在博物馆展示中应用非常广泛，在博物馆展览方式中，网络博物馆已经成为博物馆的新兴一族。网络技术改变了人们参观博物馆的方式，人们可以足不出户通过网络参观想参观的博物馆，缩短了人与博物馆的距离，也为博物馆的形象推广提供了契机。

（3）数字影视媒体技术。随着数字影视技术的日益完善，影视技术已经应用到博物馆展示中，真实的影视结合现场的实物展示，让参观者以身临其境的感受体会展品的文化内涵。影像记录了事件当时真实的场面，为完善展品的展示内容提供了有益的补充。

除常规的技术方式外，当代逐渐发展出一些具有特殊工作原理与成像方式的投影技术，主要有全息投影、环幕投影与球幕投影。下面主要对这三类投影技术进行介绍。

全息投影是指通过光的干涉与衍射现象复制并重现事物立体形态的成像技术。整个技术过程是先进行拍摄，通过物光与参考光的干涉记录事物信息；再运用光的衍射还原底片存储的光波信息，形成虚拟影像。

然而目前成熟运用的技术形式并不是绝对的全息投影，大多是运用空气投影、边缘消隐等手段形成立体画面的类全息技术。

环幕投影可分成立体与非立体两种投影形式，其中立体环幕投影最为常用。多通道环幕立体投影是指利用多台放映机组合而成的多通道环幕展示系统，由于它的屏幕半径大、视野宽、内容显示多，人们的视野得以被充分地笼罩，同时结合声学效果，形成高度临场感的视觉环境，使参观者充分地获得具有高度临场感的视听感受。立体环幕投影技术通常以通道数和银幕弧度进行分类，通常为90°、120°、135°、180°、240°与360°不等，或者分为双通道、三通道与七通道等。

球幕投影是利用多台鱼眼投影仪通过各画面间的融合在半球或球状银幕上投射出开阔的全景影像的成像技术。它突破了传统的放映技术无法正常映射全景图像的桎梏，在球形银幕上对画面的边界进行矫正，消除全景底片的图像畸变，进而呈现出高画质、宽视野的视觉感受，塑造出具有极强冲击力与沉浸性的视觉体验。根据投影方式的不同，球幕投影技术可划分成外投式与内投式两类。

4. 动态空间数字媒体技术

（1）虚拟现实技术。虚拟现实技术是20世纪末才兴起的一种崭新的综合性信息技术，原本是美国军方研究开发出来的一项计算机技术。它融合了数字图像处理、计算机图形学、多媒体技术、传感器技术等多个信息技术分支，从而大大推进了计算机技术的发展。由于它生成的视觉环境是立体的，音效是立体的，人机交互是和谐友好的，因此虚拟现实技术将一改人与计算机之间互动枯燥、生硬和被动的现状，即计算机创造使人们陶醉在逼真的工作环境之中。通过20多年的研究探索，VR技术于20世纪80年代末走出实验室，开始进入实用阶段。目前，世界上少数发达国家在经济、艺术乃至军事等领域，已开始广泛应用这种高新技术，并取得了显著的综合效益。VR技术分虚拟实境（景）技术（如虚拟游览实体博物馆）与虚拟虚境（景）技术（如复原生成阿房宫、圆明园等已经湮灭了的建筑，构建尚未发掘的秦始皇陵等）两大类。虚拟现实技术的应用领域和交叉领域非常广泛，几乎到了无所不包、无孔不入的地步，目前成功运用的领域有虚拟现实技术战场环境，虚拟现实作战指挥模拟，飞机、船舶、车辆虚拟现实驾驶训练，飞机、导弹、轮船与轿车的虚拟制造（含系统的虚拟设计），虚拟现实建筑物的展示与参观，虚拟现实手术培训，虚拟现实游戏，虚拟现实影视艺术等，由此可见VR技术有着强烈的市场需求和技术驱动。以我国数字敦煌的建设为例。一方面，敦煌博物馆的专家通过数字技术对敦煌的洞穴、壁画、雕塑等进行数字技术的采集和处理，然后以数字壁画、彩塑的形式展示给参观者，丰富和完善了敦煌遗产保护方式，为永久保存和弘扬敦煌文化找到了一条最佳途径；另一方面，我国敦煌壁画等文物大量流失海外，敦煌博物馆的专家利用数字技术将这些流失的文物进行收集、整理，对文物研究和展示具有重要作用，经数字化处理的敦煌壁画和相关的文物信息将更有利于文物研究。

　　虚拟技术可以重现博物馆展示的物品及当时的真实场景。整个场景可以以三维和交互式探索形式重现。由于虚拟物展品和场景全部存在于计算机中，因此，对其尺寸没有任何限制，物体的3D模型可以无限期展示，没有物品被毁坏、被偷窃的危险。传统上，参观者只能通过博物馆所展示的各种物品或物品的残片、图片以及相应的文字说明来想象当时的情景，而在虚拟博物馆里，人们不仅可以看到物品的3D模型，而且可以在计算机虚拟世界环境中对其进行观赏。该虚拟世界在每一细节上都与实际的历史遗迹并无二致，参观者可以亲自操作，对自己不满意的地方进行修改，或根据愿望对其进行重新分配、模拟，从而虚拟出自己希望的过去、现在或未来。例如，在恐龙博物馆，参观者戴上显示头盔后，可以看到与从太空中看到的景象一样的地球；然后，参观者通过数字手套可以对所看到的地球影像进行放大并漫游，可以看到侏罗纪时期地球上的自然景观，以及各种各样的恐龙及其他动植物。参观者通过系统的声音识别装置可以听到恐龙和其他动物的叫声，通过数字手套对看到的恐龙进行点击，可详细观察恐龙的生活习性，还可以对恐龙和其他动植物的种类及数量进行重新分配，同时对当时的气候进行模拟和调整，从而观察在不同分配方案情况下恐龙的演化过程。

　　（2）三维动画技术。三维动画又称3D动画，是随着计算机技术的发展而产生的一种智能新技术。三维动画技术将实物或图形利用计算机根据设定的尺寸设计、建立虚拟的实体模型。通过计算机中材质命令，设计出实体的质感、纹理；通过灯光技术设计模拟自然光、人工光照明；利用动态命令赋予模型动作，设计模型的运动轨迹；再通过特效命令形成各种动作效果，并最终形成动画。它是一个仿真虚拟的世界，具有精确性、真实感和任意的可操作性。三维动画技术将计算机图形学、图像学、仿真学、动力学、光学等多种科学技术融合起来，设计出具有艺术效果的动画影视片。

　　博物馆在展示中，利用三维动画技术可为研究人员和参观者模拟还原文物展品在当时年代的用途、所在的环境、使用的人是怎样的、形成现在的遗址的原因等，这样为参观者理解展品和研究人员的研究提供了直观形象的影像和参考。

　　同时，对于很多文物、遗址来说是无法到实地进行现场拍摄的，即使可拍摄也会由于成本过高而无法实现。三维动画可真实地再现这类文物、遗址，利用三维动画技术的成本大大低于实拍，而且可进行修改、调整。

（二）数字媒体技术的特征

相较于传统媒体技术，数字媒体技术的出现与运用彻底打破了信息内容的边界，从根本上改变了承载信息的方式与传播信息的形式。数字媒体技术利用计算机与网络技术对信息进行集成与处理，创造出一个不受现实世界限制的、可互动并且不断变化的数字信息环境。因此，从信息传播的角度看，与传统展示技术相比较，数字媒体技术主要具有虚拟性、交互性、动态性和超时空性等特征。

1. 虚拟性

虚拟性是数字媒体技术最核心的特征，也是其他特征的基础。虚拟性又称非物质性，即不再依赖真实物体作为载体进行信息的表达，而是以二进制数字"bit"作为材料与载体进行信息的制作与传播。数字媒体技术通过二进制编码对物质的实体形态进行图像化、影像化的模拟，进而生成物体信息的数字化形态，在虚拟化的条件下，信息可以进行无限制的变化与修改而不会对资源造成任何的破坏。此外，数字媒体技术的虚拟性特征解放了人们的固有思想，使展示内容的创作者可充分发挥想象，创造出一个真实世界中难以实现的虚拟环境。

2. 交互性

相比于传统技术，交互性是数字媒体技术具有的独特性质。交互性指的是信息的双向流通。数字媒体技术搭建了信息实时反馈的渠道，可以使人们根据自己的意愿自主选择信息，获取所需的内容，并根据信息内容进行及时的反馈，同时计算机也根据人的反馈对内容进行处理重新反馈给参观者，以此实现人机间信息的双向循环。数字媒体技术的交互性特征颠覆了信息的传播方式，它以双向互动取代了单向传播，为人们提供了选择与控制信息的手段，使人们对信息的获取不再趋向同质化，而是更具个性化，提高了获取有效信息的效率。

3. 动态性

动态性特征是指数字媒体技术所传播的信息是不断变化的。传统技术一般是以静态的信息形式进行传播,表现方式单调呆板,所承载的信息量也较少,而且信息的内容在很长一段时间内是固定不变的,具有一定的滞后性。数字媒体技术通常以影像的方式进行信息传播,因此信息从形式上是动态的。此外,参观者通过人机交互不断给计算机下达指令,计算机也根据收到的反馈不断变化信息进行展示,因此信息从传播内容上是动态的。数字媒体技术的动态性丰富了信息内容,增强了信息的生动性与时效性,激发了人们运用数字媒体技术获取信息的兴趣。

4. 超时空性

数字媒体技术的超时空性特征是指数字媒体技术不同于传统展示技术受限于现实的时间与空间,它打破了虚拟空间与实际空间的界限,将二者融合在一起,利用数字技术创造出当前现实空间中无法出现的虚拟形象,拓展了空间边界,给予人们穿越时空般的感受。数字媒体技术的超时空性使人们可以在有限的空间内无差别地接收到来自不同时间、不同空间的信息,实现了信息的零距离、自由化的传播,也满足了人们对多元化信息的需求。

二、数字媒体技术影响下博物馆展示活动的转变

随着技术的不断进步,人们的信息观念也在不断地更新,"以人为中心,注重人性化设计,强调参观者的体验"成为展示活动的重点。人们希望通过各种动态形象的信息展示渠道,以多样的感官体验满足信息获取的需求,这是传统的展示活动无法给予的。在数字媒体技术时代,数字媒体技术的普及与发展颠覆了媒介形式,形成了独特的信息传播形态,展示活动也随着数字媒体技术的介入发生了显著的改变。

(一)展品形式从实体到数字

在既往的展示活动中,展出的展品主要以实体物件的形式呈现。这类实体物件或由于其珍贵程度高,或由于其保存状态不好,一般不允许参观者零距离地进行触摸,同时在其展出时间与地点上也存在一定的限制。公众在前往博物馆参观时经常会遇到因为展品自身状态或借往其他博物馆进行参展等而缺失部分展示内容的情况,这会极大地打击参观者的兴趣,影响参观者在展示活动中进一步探索的欲望。

数字媒体技术的加入使展品开始从物质化向非物质化的形式发展,以数字化的形态呈现在参观者面前。数字化的展品不仅不易损坏,展示环境不受

限制，使参观者进行零距离的互动，而且可以实现同一内容在多地同时进行展示，形成了资源的共享。此外，数字化的展品形式将静态的实体展品进行动态化演绎，使展品内容更加生动全面，激发参观者的兴趣，从而大大提高了博物馆展示内容的传播效率。

在上海世博会中国馆内展览的数字动画版《清明上河图》（图3-1）就运用了动态影像技术，利用12台高清投影设备将动态化的数字版《清明上河图》投射在曲线形的巨幕上，整幅画面全长128m、高6.5m，将原版的《清明上河图》画作放大了将近100倍。影像以4分钟为一个周期，分为白天、黑夜两个展示情境，动态地展示汴京昼夜的城市风光。影像中市井人物动态的行为，搭配着逼真的环境声效，使参观者仿佛置身于汴京的市井生活中。数字化的《清明上河图》展品不仅弥补了实物真迹无法随时随地展出的遗憾，而且通过动态化的表现提高了欣赏的趣味性，使人们更容易理解画作所表达的信息。

图3-1　中国馆内展览的数字动画版《清明上河图》

2014年中国国家博物馆巨型动态版《乾隆南巡图》，采用三维建模技术、运行轨迹设定、边缘融合技术等，将第一卷《启跸京师》动态地呈现在了长30m、高4m的巨幕上，活灵活现地还原了画中恢宏的历史情境，重现了康乾盛世的壮观与辉煌。参观者不但可以通过数字展示看到乾隆帝的一举一动，还能够看到当时文武百官的穿着、出巡礼节、市井风俗甚至大江南北的自然地理、人文景观，进而更加全面、深入地体会这幅画作的魅力。

（二）展示方式从单一到多元

数字媒体技术带来的不仅仅是物质形态的改变，更主要的是带来了多元的展示方式。传统的博物馆展示活动受限于展品的形式条件，大多以实物展品与图文展板相结合的静态陈列方式为主。单一的展示手段决定了参观者只能以一种行为方式获取信息，显得过于枯燥，参观者无法形成良好的体验。随着各种数字媒体技术的引入，技术手段与具体应用形式的多样性使信息内容的展示方式得到了极大的丰富，仿真驾驶、互动投影、幻影成像、沉浸影像、虚拟现实模拟等方式层出不穷。多元化的展示手段带来了差异化的体验形式，参观者可以通过多种行为方式参与到展示活动中，从而使博物馆的展示活动更具体验性与趣味性。

例如，爱尔兰移民博物馆中的展示活动就完全摒弃了传统的静态陈列方式，而通过互动投影、互动翻书装置、触控交互屏等方式进行展示。多元的数字展示方式的运用使参观者不需要去解读晦涩难懂的文物或文字介绍，通过多种趣味化的体验方式即可轻松地掌握爱尔兰移民的历史文化。

中国农业博物馆利用巨幕投影，将弧幕、地幕、穹幕合为一体，设置了水平360°、垂直330°的全景式三幕影院，参观者的视野被高清晰度的数字影像全部包围，产生独特的视觉冲击力（图3-2）。三幕影院的第一部影片《二十四节气》直观地阐述了二十四节气形成的原因及其和天象的关联，参观者可以身临其境地了解古代人民利用物候进行农业生产的方法，体验不同节气生产生活的变化。

图3-2 中国农业博物馆的三幕影院

（三）感官体验从视觉到联觉

传统的展示活动由于是以静态实物陈列作为主要展示形式，浏览展板与展品是参观者的主要活动方式，所以视觉是人们获取信息的主要途径。单纯的视觉体验会影响人们的参观体验感与对信息的记忆程度。赤瑞特拉通过实验发现，信息的接收83%来源于视觉，11%来自听觉，嗅、触、味觉的感知占6%，这表明视听仍然是人获取信息的两个主要方式，但其他感官的作用也辅助人们接收信息。此外，研究还发现人通过阅读对信息的记忆占总体的10%，对听觉的记忆率为20%，对视觉的记忆率为30%，边看边听为50%，自己讲述的记忆率为70%，将各种方式结合并付诸行动的记忆率为90%，这表明越多的知觉参与到信息获取中，人对信息的记忆就越强。

另外，某些展示内容所要传达的并不完全是视觉信息，单一的感官体验无法满足展示信息全面完整地表现的要求。在数字媒体技术的介入下，现代展示活动追求的是使参观者的所有身体感知器官参与到信息的认知过程中，利用数字媒体技术，通过多种信息元素的融合以及多媒体场景环境的打造，为参观者带来视觉、听觉甚至触觉与嗅觉上的全方位的感官体验，使参观者沉浸于展示活动之中，在实现展示信息立体化的展示效果的同时，强化参观者对展示信息的记忆，提高信息接收的有效程度。

（四）观者参与从被动到互动

马歇尔·麦克卢汉曾在其著作《理解媒介：论人的延伸》中表达了人的拓展和延伸就是媒介的思想。媒介就是信息，媒介改变人的生活态度和方式，重塑人的认知途径。反映到展示活动中，媒介的转变影响了人们获取信息的参与性。传统的博物馆展示活动中信息的传播者与接受者具有明确的界定，展品与参观者是相互独立的两个体系，二者之间不能形成交流，参观者只能被动地接收信息，难以产生相应的共鸣。在数字媒体技术时代，人们在博物馆展示活动中需要通过具有互动性的体验获得自我需求的满足。数字媒体技术的交互性彻底改变了展示活动，打破了传播与接受之间的壁垒，使参观者融入展示过程中，成为展示活动的组成元素之一。在观展中，参观者不再是被动地接纳，而是更多地主动参与探索，与展示信息进行交流，形成与之共鸣的感受，即"互动体验"。

此外，数字媒体展示活动的互动化转变还体现为其更加强调参观者之间的互动。一方面，相比于传统展示活动，数字媒体展示活动的公共属性得到了极大增强。它鼓励观展群体一起参与到同一展示体验中来，即使是个人体验式的数字展示活动也希望能够吸引更多旁观者的聚集停留与交谈，从而使参观者在共同活动的过程中产生更多互动交流。另一方面，数字媒体展示活动可以通过技术手段使参观者之间的联系以显像化的数字信息进行传递，间接地引导人们的相互交流。

三、数字媒体技术影响下当代博物馆展示空间的发展趋势

数字媒体技术的介入使获取展示信息的媒介与模式产生了重大变革，带来了全新的展示活动方式，人们逐渐开始思考全新的展示活动对空间产生的影响以及如何结合数字媒体技术塑造空间，因此博物馆展示空间作为承载展示活动的信息化场所，也随之产生了一定的变化，这些转变重新定义了人们对展示空间的观念的认识，逐渐形成了当代博物馆展示空间新的发展趋势。

（一）空间环境虚拟化

在过去，人们一提到博物馆的建筑空间，想到的就是通过实体边界围合成的具有一定形态的空间，这是长久以来人们对博物馆空间的唯一认识。随着数字媒体技术的出现，信息流逐渐取代了物质流，产生了以数字信息形成的虚拟空间，这改变了人们对建筑空间观念的认识。

由数字媒体技术塑造的虚拟空间环境所展现的信息从本质上讲是虚拟的甚至是超现实的，然而其所形成的环境同样代表着一类空间，只是其不再是可被实际触探的实体状态，而是由电子元素所组成的可视形态。对于空间的使用者而言，虚拟空间能够作为"类建筑空间"式的空间替代品，既可使参观者得到效仿现实的环境感受，又能够打破公众既存的认知模式，建立存在于幻想甚至超出幻想的空间场景。它以独特的信息传播方式以及无限的信息内容突破了人们以往感受博物馆空间的方式。

作为承载线下展示活动与具有文化传播属性的场所，实体的博物馆展示空间仍然具有存在的意义，仍需要对其实体空间进行设计以更好地承载展示活动。当今的数字媒体展示活动通过技术与空间的融合，在实体的展示空间内营造出真实可感的三维虚拟空间，使空间被技术所呈现的数字信息覆盖，人们无法明确地感知其背后实体空间中某些物质元素的具体形式，物质空间因数字化空间而被"消解"，进而形成了博物馆展示空间环境虚拟化的趋势。

博物馆展示空间中所呈现出的影像化虚拟环境在其背后物质空间的限定下具有了确定的尺度与容积，使参观者依然能感受到空间的围合感，场所精

神得以被成功地营造。在数字媒体技术的影响下，当代的博物馆已不是在空间中演绎物质元素，而是数字信息。展示空间环境的虚拟化体现了虚拟空间与物理空间的融合，它在依托于物理空间的同时拓展了空间的可能性，使人们淡化了对实体空间的关注，更加沉浸于数字媒体展示所营造的信息化场景中，从心理上强化了参观者对信息的认知。

（二）临场体验立体化

托马斯·L.贝纳特曾在《感官世界》中写道："我们的感官世界是以永远变化着的一系列光、色、形、声、味、气息和触觉为其特征的。"人在现实世界中是通过各类感官构建起对事物的认知的。梅洛·庞蒂的知觉现象学理论强调了知觉的整体性，其对知觉与空间之间关系的探讨使空间体验从单独视觉体验变为联觉体验。具体到博物馆的展示空间中，信息时代下数字媒体技术的发展消除了不同信息媒介形态之间的对立关系，通过技术与艺术的融合形成了集多种感官认知方式于一身的全媒体展示形式，进而呈现出更全面立体的信息内容，提升参观者的综合感受。

在这样的特征下，当代博物馆的展示空间作为各类全新展示活动的"容器"，也开始容纳参观者在数字媒体展示活动中的各种感官体验。参观者体验过程中获取到的信息是否完整而深刻，除了与展示方式本身的因素相关外，很大程度上还取决于空间这个参观者与信息的中间媒介对信息的表现效果，主要是对视觉与听觉信息的传递效果。

在问卷调查的结果中，有65.2%的受访者表示曾因展示内容的声效差而影响体验感。这表明当前运用数字展示手段的博物馆展示空间在设计时大多仍然仅仅考虑人们单一的视觉感受，而忽视了音质方面的感受。此外，在对增强数字展示活动体验感方面空间各因素重要程度的评价中，受访者认为优良的音质效果的重要性最高。可见，保障空间的听闻效果也成为在数字展示时代下人们对于博物馆展示空间的诉求。

综上，虽然当代各博物馆在展示方式与内容主题方面具有差异性，但都不再是单纯的视觉性空间，而是致力于满足人们视听结合的需求，在追求优质视觉观感的同时，开始重视展示空间的声学设计，使参观者在视听两方面的共同刺激与调动下获得更具身临其境感与沉浸感的身心感触。甚至，某些博物馆的展示空间会在强化视听体验之外，通过技术手段控制水、风、气味等元素的释放来增强参观者触觉、嗅觉方面的感知度。由此，当代博物馆的展示空间在营造参观者临场体验感方面呈现出了立体化的发展趋势，以实现多层次、多维度、高效率的信息展示效果。

（三）空间场所交互化

交互的意义在于互相反馈与共同参与，实现多体系间的相互促进。数字媒体技术带动的全新的博物馆展示模式十分重视对参观者交互需求的满足。参观者通过互动构建信息渠道，并在互动的过程中形成双向的"沟通"关系，有利于展示信息的交流。当数字媒体技术展示活动逐渐介入博物馆展示空间中时，交互性作为技术的突出特征也随之渗透进了展示空间中。博物馆展示空间作为承载全新展示活动的实在物理空间，能够促进信息交互是对其必然的要求。由此，博物馆的展示空间产生了场所交互化的趋势。

交互作为一种设计理念，强调的是以使用者的立场考虑如何让使用者以最有效的方式进行体验，获取所需的内容。反映到博物馆的空间设计中，展示空间的交互性在广义上拓展了展示空间的发展，通过实现参观者、展品、空间三者之间的互动，令全新形式的展示活动更具参与性、体验性与传播性。它极大地丰富了展示效果，使参观者在多样的、交互的驱动下能体会到展示信息更深的内涵，形成当代公众进行线下参观体验的理想场所，领略与线上完全不同的临场感受。

1.空间与展品的交互

博物馆展示空间的场所交互化趋势体现在空间与展品的交互上。传统的博物馆展示活动由于展示方式的单一、标准化，对于展示空间的要求大体相似，因而在空间设计上也趋于同质化，作为"容"的展品与作为"器"的展示空间之间不存在特定的互动联系。而依托数字媒体技术的展示活动具有多样化的展示手段，对展示空间也产生了更多样的需求。如果仍然以模式化的方式进行空间设计，不考虑或之后再考虑具体的展示方式，就会在二者之间产生一些不和谐的因素，破坏内容呈现与参观者体验的效果。此外，通过对调查问卷的数据整理，笔者发现在对当前博物馆数字媒体技术展项的体验感受的反馈中，有52.17%的受访者表示曾经遇到过因空间形式中某些因素的不合理而影响其对数字展项的体验感的情况。由此，在数字媒体技术的影响下，当代博物馆展示空间更加强调"容"与"器"的交互，在空间形式的尺度、布局、形体等方面针对不同的展示方式进行"定制化"的设计，形成一对一的联系。这样的"定制"不仅能有效地利用空间，而且能充分地诠释数字媒体展示所要表现的效果，使参观者获得更加沉浸的临场体验感。因而空间与展品交互趋势的最终目的是强化人与展品的互动交流。

2. 空间与参观者的交互

场所交互化趋势还体现在参观者与空间的交互愈发明显。在以往的博物馆展示空间中，空间往往是通过布局、氛围等因素调动参观者的感受，进而产生某种行为的。这属于一种被动式的互动，空间并未因此得到某些改变。在数字媒体展示时代，博物馆的展示空间一方面仍要延续这种交互方式，使参观者能在空间的引导下按展示互动预想的表现方式进行体验；另一方面，得益于数字媒体技术的介入，参观者在空间内的行为活动会引起虚拟空间中某些因素的变化，同时反馈到现实空间中实现实体空间某种状态的改变。这种参观者对空间的反向影响，使参观者与空间的交互更具主动性，从而提升参观者在展示空间中的体验参与感。

3. 参观者之间的交互

随着数字媒体展示活动公共性的加强，当代博物馆的展示空间也开始注重参观者群体间的交互。博物馆通过具有一定公共引导性的布局方式或某些技术手段的运用，促使参观者产生聚集与共同参与等行为，并在其中实现互动交流。

四、数字媒体技术影响下当代博物馆展示空间的设计原则

通过前文对数字媒体技术的相关内容以及在其影响下博物馆展示活动的转变与展示空间发展趋势的详细分析与总结，我们可以看出，当代博物馆的展示空间在数字媒体技术的介入下，逐渐成为与展示信息相融合的、满足多层次互动的、给予参观者立体化临场体验的沉浸化空间场所。基于以上内容，以下就当代博物馆展示空间的设计进行总结并提出了匹配展示方式的适配性原则、融入技术手段的集成性原则与弱化物质空间的虚拟性原则。

（一）匹配展示方式的适配性原则

空间形式是博物馆展示空间的基础，也是影响展示效果的外部要素之一。在数字展示方式逐步取代实物展示的形势下，目前大多数博物馆展示空间存在的问题是，其形式方面的设计仍然基于传统的实物展示活动形式进行，并未针对性地考虑应用数字媒体技术的现代展示活动的新手段，导致展示空间与现代展示活动之间产生诸多矛盾，或导致活动无法正常进行，影响

参观者的参观体验。这表明博物馆传统的展示空间在某些方面无法与当代展示活动很好地相互契合。当代博物馆展示空间的设计应根据新的展示活动的各类需求对进行针对性的革新，由此提出了匹配展示方式的适配性原则。

匹配展示方式的适配性原则强调设计应从数字媒体技术所形成的现代展示方式的角度出发，将空间本身也融合到展示中来，形成一个整体，考虑如何对影响空间形式的各个方面进行设计以契合各类展示方式的活动特征与技术特点，避免由于空间自身对展示效果以及参观者体验产生负面影响，保证展示信息的顺利传播。

博物馆展示空间建构的适配性原则一方面体现在空间的布局模式上，针对全新的数字展示形式，摒弃传统展示活动时展厅内的组织方式，以提升参观者公共参与体验、多维参与体验、自由参与体验为目的，重新规划合理的空间布局模式，从空间层面上自然地引导参观者以现代展示方式与公众自身所需求的行为模式进行观展，使展示效果与体验最优化。

适配性原则另一方面体现在空间形体的塑造上，使形体不再单纯地以自身艺术形象或模式化的形态为出发点，而是应实现"形式追随技术"，针对不同的技术手段与表现方式，以利于信息的突出表现为目的，选择特定的形体塑造手法，使空间与技术更加契合，展示内容以更理想的状态进行呈现。

此外，空间的适配性原则还体现在空间尺度的把握上。在当代的展示活动中，展示信息可以通过不同的数字媒体技术进行传达，这些不同的技术需要应用不同的技术设备，因此需要根据不同设备条件匹配适合的空间基本尺度。同时，在以往的展示活动中，参观者的活动方式只是单纯地近距离观赏实体展品，因此空间活动区域的尺度满足必要的通行和近距离观展的要求即可，而当代不同的数字媒体技术需要人们以不同的活动方式进行体验，于是在空间尺度上要根据所利用的技术方式预留相应的参观者的活动尺度。展示空间设计还可以利用技术装置二次调节既有的空间尺度，去契合展示活动所要表现的心理感知尺度。

综上，当代博物馆展示空间设计基于空间适配性的原则，先考虑展示活动所运用的技术方式后进行空间设计，不仅有助于建立空间与技术展示活动之间最佳的对应关系，实现二者的相互融合，为参观者带来更优质的临场体验感受，而且在满足展示活动各类需求的同时，更有效地对空间进行了利用，增强了空间的实用性与经济性。

（二）融入技术手段的集成性原则

在以往的展示空间中，空间的存在大多是为展品提供一个保护与陈列的场所，而并未考虑参观者体验的其他需求，这也是当前博物馆缺乏吸引力的原因之一。媒体技术的不断前进使作为传统信息载体的实体展品正在逐步被取代，数字媒体技术所呈现的信息大多需要参观者通过全方位的体验进行发掘与接收，因而公众对博物馆展示空间的诉求也开始增多。展示空间为了提供更好的临场体验，不仅需要有合理的空间承载展示活动，也需要实现空间与参观者的互动，此外还需要强化动态氛围感的声光效果与生动明显的导视系统等。

在这种情况下，传统塑造空间的手段就不再能完全满足所有的需求。因此，当代的博物馆展示空间应成为技术与建筑相结合的一个契合点。在设计时将数字技术作为一种新的设计资源，或是一种新"材料"应用于展示空间中，遍布在建筑空间的各个方面，使技术要素成为现代博物馆空间构成中必不可少的元素，以技术手段满足参观者更多元的需求，即融入技术手段的集成性原则。

融入技术手段的集成性原则一方面体现为数字媒体技术以装置的形式集成到展示空间的物质实体元素中，以此获得功能上的拓展。博物馆通过将各式各样的数字媒体技术装置融入建筑空间内，如墙壁、柱子、地面、隔断、顶面等空间界面之中，使界面变成了收集信息与显示信息的装置，如由LED打造的媒体墙、各种材质的投影表面或不断变化的机械装置展墙等。技术装置在融合到空间界面后，使空间得以动态化，界面可以实时呈现动态的数字信息，也可以根据人的行为引起肌理、色彩等方面的变化，这些装置成为建筑空间进行交流的器官，空间的各个界面也成为信息交流的重要组成部分，与人、环境进行信息的交换，从而促进了互动、导引等功能的实现。在数字媒体技术的物质性融合下，空间、装置、人之间的关系被重新整合，实现了信息与空间的高度融合。

融入技术手段的集成性原则另一方面则体现在对声光氛围的营造上。传统的展示空间是靠引入自然环境中的声光元素打造环境氛围的，而当代展示空间则可以通过技术手段实现对其的模拟，可根据空间内所展示的信息内容实时地营造出与之相呼应的光环境与声环境，形成契合主题的临场氛围。智能声光电技术的辅助运用可以模拟出一个更具真实感的场景环境，从视听角度综合地感染参观者，为其带来全方位、多层次的体验。同时，在声景氛围方面，除了设备技术的运用外，还需在设备布置、混响、噪声等方面采取一定的建筑声学技术手段，以支持技术效果的完美还原。

综上，集成性原则主要从物质性融合与声光氛围营造两方面推动了当代博物馆展示空间的设计，丰富了空间的表现手法，形成了全新的设计语汇。空间技术化的意义并不是简单地将装置与空间机械化地组装，而是更深层地将空间信息化、媒体化，其目的是利用技术的优势营造一个智能化的空间环境，从根本上实现人与空间的交流。

（三）弱化物质空间的虚拟性原则

由前文的分析可知，博物馆展示空间的意义在于更好地容纳展示活动，并将所要传达的展示内容信息更全面、优质地传达给参观者。在数字媒体技术时代，技术的进步使展示活动中信息的载体由物质转变为非物质的数字，并自然地形成虚拟的空间场景进行信息的展示。在当代展示空间中，人们将展示内容所营造的虚拟空间融入实体展示空间之中，共同营造一种信息化的空间，在这样的空间中，虚拟的信息流成为人们在空间中关注的重点，而起承载作用的物质空间逐渐成为配角，无须引起参观者的注意。

以弱化物质空间的虚拟性原则指导空间设计，使人们在展示空间中感受到的不再仅仅是物质空间，而更加接近数字媒体技术建立的虚拟世界。与在物理空间中的感知方式不同，在虚拟空间中，人们更加强调一种沉浸式的体验。

沉浸多用来形容全身心地投入某种环境与活动中，全神贯注于某件事物。沉浸式体验主要是指人心理体验上的沉浸，包括其精神与情感的沉浸。借用心流理论来解释人在心理沉浸时的状态：心流是自身的专注力全部集中在某件事物上时产生的感受，它是人最佳的心理状态，当用户所面对的挑战难度与其技能水平相互匹配时，便能达到全神贯注并忘记周边环境感知的状态，即心理沉浸。

沉浸性体验的目的就在于使参观者完全被带入数字媒体技术展示的虚拟场景中。如果空间自身的某些部分分散了参观者一部分的注意力，就意味着参观者在参观中无法全部投入虚拟场景中，进而造成了心理沉浸感的减弱。在问卷调查中，有 57.61% 的受访者曾遇到过受展示空间内展示内容之外因素的干扰而不能专注体验的情况。此外，在各要素的重要程度评价中，我们可以发现，人们认为突出空间自身形象的要素已不是增强数字展示体验感的重要条件，而低存在感的实体环境则成为参观者一个新的需求。由此，博物馆展示空间作为信息传播空间，对实体空间的虚化是一种未来的发展趋向，也是空间设计的主要内容之一。

获得场所感是人对空间进行感知的主要方式，因此虚拟化原则引导建筑师在空间设计时弱化人们对实体空间的场所感。一方面，可以通过特殊界面材质的运用、环境照度的明暗或是环境色彩的处理等方式实现对物质空间在视觉层面的间接模糊，使人们无法在空间中判断空间的边界与环境，也无法进行定位与方向的明确，由此消解了在实体空间中的场所感；另一方面，可以运用数字光电技术打造虚拟化的界限，从技术的角度直接地实现对实体空间中部分元素的物质性的消隐。当代博物馆展示空间环境的虚拟化塑造在消除了实体空间物质形态对参观者注意力的影响，使人们更加集中于展示活动所传达的数字化信息，实现沉浸化的体验的同时，还数字信息充实物质空间，丰富了空间的内涵，并用虚拟元素取代了实体空间中的部分元素，重塑了展示空间的场所精神。

第二节　基于数字媒体技术的博物馆展示空间的形式建构

在以往的博物馆建筑模式化设计中，展示空间设计与展示设计是相互独立的两个体系，二者在设计上相脱节，致使许多矛盾产生。在数字媒体技术全面普及的北京下，传统的设计方式发生了改变，空间与展示活动之间相互影响，逐渐在设计上产生了融合。数字媒体技术的运用使展示活动发生了根本性的转变，从各个方面对承载展示活动的展示空间实体提出了新的要求。因此，本节将结合具体案例，从布局模式、空间尺度、空间形体三方面对数字媒体技术影响下的当代博物馆展示空间的形式建构手法进行系统的论述。

一、打造促进参与体验的布局模式

在传统的博物馆中，由于展品多以静态实物的形式呈现，人们的参观行为方式相对固定，因而建筑师在建构展示空间时采用了相对固化的空间模式，形成了同质化的展示空间布局。空间组织方式的僵化反过来又进一步限制了参观者在展示空间中的参与体验行为。数字媒体技术的介入使空间的使用方式和体验方式都被重新定义，催生了多种信息展示形式，也丰富了人们的体验方式。由此，在当代数字媒体展示活动的推动下，博物馆展示空间的布局模式也应产生一定的改变，从而使人们能在空间的引导下以更具参与性的行为活动，进行参观与感悟。以下通过研究归纳总结出向心聚合、垂直立体、开放漫游三种促进公众参与体验的展示空间布局模式，并结合案例进行具体分析。

（一）设置向心聚合式空间

加拿大心理医师奥斯蒙德曾提出"社会向心"的相关概念，他认为具有向心性的社会空间可以促进人们的群聚与公共活动的开展。在数字媒体技术的影响下，当代展示活动的传播方式由以往的个人独立化逐渐向公共化转变，鼓励人们进行共享与互动交流，也促使展示空间的模式向聚合化的方向发展。

传统的隔间式展示空间布局模式在空间中形成了人与人之间的隔离，导致公共参与感的缺失。与之相反，向心聚合的空间布局模式以一个共享性的空间"核心"构建出具有内聚性的展示空间，回应了数字媒体艺术展示的公共属性，形成了展示空间的视觉重心，吸引公众聚集并引导人们共同参与，从而增强了参观者对数字媒体展品的体验感受。根据参观者聚合方式的不同，向心聚合式空间布局可分为周边环绕式向心与中心聚集式向心。

1. 周边环绕式向心

周边环绕式向心是指将数字公共展示内容作为共享性核心布置于展示空间的中心，并以环绕核心的方式组织参观者的活动空间与流线，形成围合式的空间布局模式。环绕式空间布局模式的优势在于为参观者提供了环岛式的参观流线，从而形成视觉上的向心，使人们可以从各个角度全方位地观察展示内容。此外，环绕式的布局模式还利用数字媒体装置形成了空间的视线焦点，引发参观者的共同关注，为数字媒体艺术的公共性展示创造出优质的空间场所。

例如，扎哈·哈迪德为英国伦敦科学博物馆设计的数字展廊采用环绕式的空间模式，将一个模仿气流型态的数字交互艺术装置布置于空间的中心，并参考飞机飞行时机身周围的空气流线，以巨型交互装置为视觉核心形成环绕式的参观流线，同时其余的展品也沿着观展流线呈放射性布局。参观者在展览空间形态的暗示下自发地围绕在装置周围，从而实现了空间中人群的公共性聚合。

同样，在上海世博会沙特阿拉伯馆的主展厅内，建筑师将空间设计为IMAX巨幕影厅，并沿结构柱的外围设置了环形自动步道作为空间唯一的参观流线，参观者进入展示空间后在自动步道的引导下聚合环绕在影像周围，将目光全部集中在空间中央呈现出的影像画面上。这种独特的方式使公众同时融入沙特阿拉伯的文化世界中，同时环绕式的布局模式也使空间形成了半球形的空间形态。

2. 中心聚集式向心

另一种向心聚合的布局模式通过边界围合、界面下沉等限定方式形成，以既具有公共展示性功能又具有一定围合感的空间为功能核心，对博物馆展示空间进行组织，并在功能核心的内部形成参观者聚合的布局模式。其中功能核心空间一般以数字影像展示为主要展示功能形式，当在参观过程中有相似体验需求时，参观者就会在空间的暗示下产生向心聚集的行为。中心聚集式布局模式的优势在于，在博物馆的展示空间中形成了一个兼具公共性与领域性的公众聚集场所，既能为人们的会聚与共同体验提供引导，又能对展示空间进行划分，丰富空间的平面层次。

例如，由UNStudio事务所中标的韩国挑战博物馆的空间，通过地面的下沉限定出四个内向性的影像展示空间，并以其作为各个展区空间的功能核心，进而形成向心聚合的空间模式。参观者在空间形态的暗示下逐渐聚集在下沉的核心空间内，共同参与融入数字影像所呈现的虚拟空间中。

在2012年韩国丽水世博会丹麦馆名为"丹麦地平线"的展示空间中，设计师采用了中心聚集式的向心布局模式，在矩形空间的中央利用环形银幕作为边界构建出一个圆形的功能性核心，并利用投影技术在内部展示了描述丹麦海边生活的数字影像，吸引参观者会聚在核心空间中从而形成参观者群体的向心聚合，使人们在获得围合式影像空间带来的沉浸性感官体验的同时，与其他参观者产生交流，形成人与人之间的互动（图3-3）。

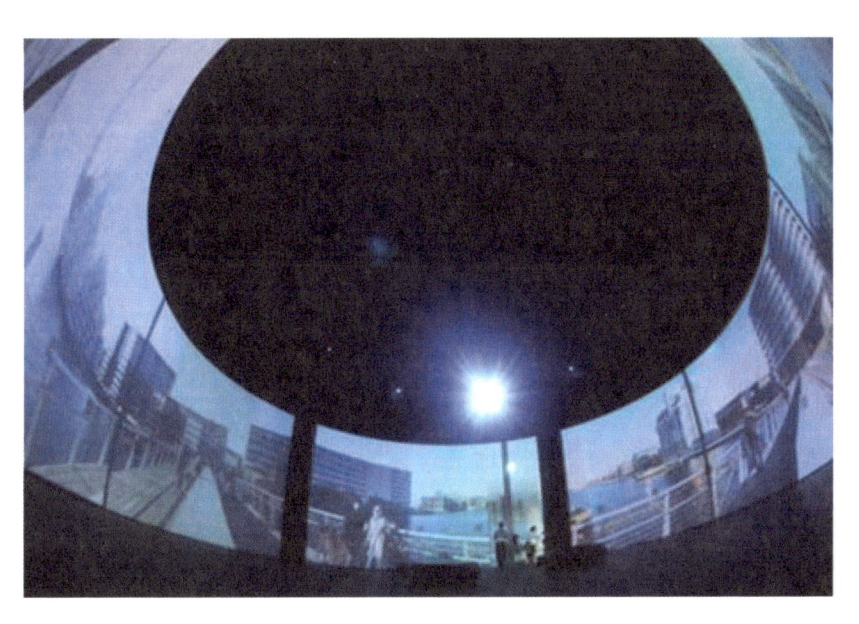

图 3-3　韩国丽水世博会丹麦馆

此外，由 3XN 事务所设计的"蓝色星球"水族馆同样运用了功能核心来进行整个展示空间的布局。它通过弧形墙面的限定，将各个展厅的交会处塑造成一处内聚性的数字展厅，展示空间以其为中心外旋展开，并与环形展厅产生视觉上的联系。前来参观的参观者在空间的引导下向此聚合，共同欣赏数字影像所传达的展示内容，并在观影结束后再次疏散到各个展示空间中，使空间核心实现展示功能的同时兼具交通枢纽的功能（图 3-4）。

图 3-4　"蓝色星球"水族馆（局部）

（二）构建垂直立体式空间

以往的博物馆展厅在布局时，由于实物展品大小以及博物馆的空间组织追求经济高效等因素的限制，展示空间主要以单层空间的形式展开，参观者与展品始终处于同一水平层级中，参观者在空间中以一个高度的视角来欣赏展品。

然而在当代展示活动中，由数字媒体技术形成的某些信息展示方式在具有公共性的特征外，也呈现出了大型化的特征。容纳这类展示活动的展示空间也相对较大，若不对其竖向的闲余空间进行充分利用，则会形成空间的浪费，并且将人们限定在单一的层面进行观赏，人们往往只能以管中窥豹的方式获取眼前所见的部分信息，无法全面地了解展示内容。此外，同一水平空间内同时容纳的参观者数量有限，数字媒体展示希望吸引更多的人共同参与其中，使人们能够共享与交流。

据此，当代博物馆的展示空间应打破绝对平面化的空间结构，消解单层的界限，在保持平面特征的同时充分利用竖向空间，对展示空间进行竖向设计，打造垂直立体化的空间布局模式。立体化的展示空间不仅仅是简单意义上一味地增加空间高度，而是在于丰富空间的垂直层次，竖向组织参观者的活动空间，使其可以在展示空间中以不同的高度视角多维度地参与到数字媒体展示的体验中，以此丰富人们的视觉感受。

1. 打造多层空间

营造垂直立体的展示空间模式的一种方式是利用置入夹层空间或各层空间的挖空等手法形成在竖直方向上具有多层"观展平台"的展示空间。多层空间的设置增加了可以容纳参观者的空间面积，并在展示空间中划分出几个明确的竖向层次，便于参观者的驻足停留。同时，各个层级之间相对独立又具有视觉上的联系，使聚集在各个平台的人群在以不同视角观展的同时，形成层间的互动交流，交换在各自视角下获取的信息，进而引导参观者在各层级间流动。

例如，在荷兰科尔克拉德林堡博物馆的设计中，建筑师打造了一个半地下半地上的球形空间用于数字影像的展示，并利用其地下的半球部分形成了一个倒置的球幕展厅。同时，为了对空间进行充分利用使其可以容纳更多的参观者，设计师置入了一个环形的玻璃平台形成了可以容纳参观者的夹层空间，并在展厅内部利用楼梯形成了层间的联系，使人们在空间中以不同高度的视角俯瞰球幕，产生仿佛在太空中回望地球的视觉体验。同样，在上海世博会德国馆"动力之源"展厅中，设计师也以互动装置为中心在垂直方向上打造了多个环形平台，并利用围绕在展厅外部的螺旋楼梯构建起空间内各层级平台间的交通连接。这样的设计使在同一时间需要参与装置互动的 750 名参观者分布在空间的各个高度层次上，使参观者发出的声场更加均匀，从而与声控球进行更好的互动，同时使处于不同平台的参观者能够近距离地从各个角度观察到装置在摆动的运动状态与映射出的影像画面，从而形成不同的参与体验感受（图 3-5）。

图 3-5　上海世博会德国馆"动力之源"展厅（局部）

2. 设置竖向流线

引入竖向的参观流线也是构建立体化展示空间的手段之一，其主要以坡道的形式在展示空间内连续地环绕攀升形成立体的观展路径。不同于平面层次的置入，由立体路径所形成的垂直展示空间没有明确的空间竖向层次，而是以一个"生长"的态势形成动态连续的竖向空间结构。赖特在其设计的古根海姆博物馆中运用了螺旋坡道从而创造了展示空间的新模式，这种流线模式也同样适用于展示数字媒体艺术的空间中。人们可以沿立体化的参观路径以连续不同的视角欣赏数字媒体技术所呈现出的展示内容，形成强烈的代入感，再将从不同视角所观察到的片段性画面拼接在一起，最终形成对展示内容的完整认知。同时，立体化的流线将各个层级的人们联系在一起，促进了空间中参观者的相遇以及交流讨论等互动行为的发生，从而提升了人们的空间参与体验。

位于慕尼黑的宝马博物馆中的"博物馆碗"展厅就是一个利用该手法打造立体展示空间的典型项目实例。整个展厅四周的界面均被360°环形投影形成的影像覆盖，同时在空间中沿界面打造了一个环形人行坡道。人们行走在坡道上，影像所模拟出的"真实空间"时刻环绕在参观者的周围。人们在移动的过程中，在不同位置观察到的虚拟景象也在不断地变化，在坡道上摆放的实体汽车的配合下，参观者感觉自己与汽车仿佛共同奔驰在影像空间的环境中，营造了极强的沉浸性体验（图3-6）。

图 3-6 宝马博物馆展厅（局部）

（三）营造开放漫游式空间

德国心理学家温勒曾用函数公式 $B=f(P·E)$ 阐释个人行为与个人所处环境的关系（其中 B 代表个人行为，P 代表个人，E 代表所处环境），并根据公式归纳出当所处环境充满"控制力"时，人的活动就会与其环境导向彼此契合；相反，当环境处于"弱势"状态时，人会产生较为自由的行为活动。由于在实物展示时代，实物展品所承载的信息内容与深层意义需要在一个主题背景的暗示下才能被公众所理解，因而以往绝大多数传统博物馆的展示空间具有非常严谨的空间逻辑，一般以某一种特定连贯的故事情节作为序列线索进行展示空间的布局，形成一个固定线性的空间流线。

在某种程度上，这种具有连续清晰空间叙事结构的展示空间布局模式的确存在一定的优势，其可以将展示的内容以连续线性的逻辑呈现给参观者，使展示主题更加清晰易懂。然而这种既定程式化的流线模式限制了人们自主选择的权利，使参观成为一个被动接受的过程，降低了参观者的参与体验积极性。在数字媒体时代，全新的展示形式，尤其是大型沉浸影像类数字展示所呈现出的信息内容自带一定的叙事感，相较于实体展品更加生动形象，易于理解，无须刻意营造一个故事线索。同时，在影像的覆盖下，视觉信息元素存在于空间的各个角落并不断发生变化。由于个体认知差异使参观者在影像空间中捕捉到的视觉兴趣点有所不同，因而沉浸影像类展示方式更强调人们的主动体验，鼓励参观者以兴趣点为引导自发地漫游在影像打造的虚拟环境中，获取个性化的专属感受，从而产生更强的代入感，而不是强迫所有参观者沿既定路径进行浏览。因此，在对用于承载大型沉浸式影像展示活动的博物馆展示空间进行设计时，设计师可以打破固定线性叙事流线的束缚，以更加开放的形式对空间进行划分，从而形成促进参观者无定性漫游与自由体验的空间布局模式。

开放漫游式的展示空间最明显的特征在于其非线性的叙事结构，即参观者在影像展示空间中根据个人的认知习惯自主地形成参观路径，并在漫游过程中获取片段化的影像场景画面，在脑海中通过碎片场景的拼接构成一个非线性的故事情节，从而以"蒙太奇"的方式形成对展示内容的理解。由于参观者行走路径不同，获取的片段内容也不尽相同，因此在开放漫游式的空间模式下，人们在数字影像展示活动中获得了具有随机性与差异性的参观体验。

漫游式空间布局的一种表现方式为空间内多路径的置入，这种方式不是简单地将多条路线无联系地并置在空间中，而是使其相互交错穿插，形成具有多节点的网络化空间路径。人们在经过这些路线节点时对下一段的漫游方向进行自主选择，并在不断的选择中实现人与空间的动态互动，从而建立起个性化的漫游路线，获得独特的信息体验。

例如，2019年北京世界园艺博览会植物馆红树林生态体系的数字展厅就采用了多路径漫游的空间模式，展馆一层主题展厅通过高科技数字影像装置打造虚拟红树林，并在温室主入口区域演示潮汐变化的真正的红树林，以虚实结合的方式展现红树"植物的智慧"。整个空间通过影像技术打造出浸入式的红树林景观，并利用一些相互不封闭的空间分隔界面形成了多条交叉流动的路线分支，使展厅内的参观者可以按照自己的意愿选择行走路径，自由地穿梭在"红树林"中，领略植物的生命智慧。此外，另一种更为纯粹的开放漫游式空间的表现方式如同 OPEN 事务所联合 teamLab 在上海油罐艺术中心 5 号罐中所打造的"油罐中的水粒子世界"沉浸式影像展厅一样，整个空间内部没有任何的分隔与路径，视觉与空间完全贯通，并且空间在交互式影像的覆盖下其环境随人们的移动而动态改变，从而构建出"沙盒式"的开放漫游空间。参观者在空间内完全是以一种无约束、无目的的方式随意地游历，可以将展厅内任何一处作为自己参观路程的起点或终点，根据自己所获得的视觉刺激以及影像反馈自由地规划浏览路径，由此获得随机性的体验感受。

二、构建适应展览形式的空间尺度

空间尺度的把控是建筑空间形式设计中重要的一环。在当代，由数字媒体技术构成的各种展示方式广泛应用于展示活动中，其技术本身与观展方式的改变都为博物馆展示空间尺度的构建带来了全新的考量元素，若仍以传统的设计方式进行空间尺度的塑造，会使空间尺度与数字媒体技术主导的展示形式之间不协调、不匹配，令展示效果受到影响，因此结合具体技术展示方式平衡展示空间尺度成为保证展示效果的不可或缺的手段之一。故此以下将从绝对尺度、体验尺度、感知尺度三个角度讨论当代博物馆展示空间如何构建适应数字媒体展览形式的空间尺度。

（一）依据技术设备尺寸控制空间绝对尺度

展示空间的绝对尺度是空间客观的大小尺度，即空间的长、宽、高的具体尺寸。在数字媒体技术的介入下，展示活动所展现的信息内容逐渐以不同的数字媒体技术方式进行表达，这些多元化的展示方式各自采用不同的技术设备，对空间绝对尺度的设计提出了不同的需求。

然而目前绝大多数博物馆在空间设计上并未充分考虑数字媒体技术装置的因素，使一些博物馆展示空间的尺度设计或是过于强调经济性导致空间尺度过小，所计划采用的技术设备无法正常安装；或是为了追求高大宽敞的空间感以及适用于多功能的灵活性盲目地扩大空间尺度，然而当空间以小型的技术装置展品作为主要展品形式时，大尺度空间的优势完全无法体现，这在浪费空间的同时弱化了展品自身的展示效果。

《博物馆建筑设计规范》(JGJ 66—2015)对于展示空间的绝对尺度作出了一定的规定，如展示空间的净高应满足：$h \geqslant a+b+c$，其中 c 指的是展厅内隔板或展品带的高度。随着展示方式的转变，各类数字媒体技术设备自身的尺寸逐渐取代实体展品高度成为新的控制因素之一。因此，在绝对尺度的设计上，设计师需要确定空间中所运用的数字媒体技术展示形式，并依据其技术装置的具体尺寸合理地控制空间的绝对尺度，使二者相互协调，在提高空间利用率的同时强化展品在空间中的主体地位，增强参观者对展品本身的注意力。

1. 个人交互体验类展示方式对绝对尺度的要求

对于个人交互体验类展示方式而言，具有人机交互界面的互动装置是其所利用的主体技术设备。互动装置一般不具有固定的尺寸与形体，可结合实际情况进行定制。然而由于其技术的主要目的是通过人的行为控制信息的反馈，绝大多数互动装置的规格以人体尺度作为设计参考，其常用设备尺寸相对较小，因此可以近似于常规实物展品的尺寸对空间的净高进行控制。依据《博物馆建筑设计规范》(JGJ66—2015)，对于不同类型的博物馆建筑，其展示空间的最小净高在 3.5～4.5 m 范围内。可见，对于展示空间的竖向绝对尺度而言，当空间内的展示活动以小型个人交互体验类技术作为主要展示方式时，在满足最小净高要求的前提下，选择适度偏小的空间高度更为适宜，这样既可满足装置布置的要求，又突出了互动设备的存在感，促进了互动行为的发生。以罗马尼亚数字博物馆为例，该建筑是罗马尼亚第一个永久性数字博物馆。在设计之初，建筑师考虑到空间内的技术展示设备主要为小型个人体验式的媒体装置，其占用的空间较小，因而在空间高度的打造上采用了较小的竖向尺度，将整个建筑的高度控制在 3.5～5m 的范围内。如此的空间尺度既满足了技术设备放置的要求，避免了空间的浪费，又使技术设备与空间的体量相匹配，从而促进了人们对展示设备的良好体验。

2. 沉浸影像类展示方式对绝对尺度的要求

沉浸影像类展示方式以各类投影技术为基础，通过构建出沉浸性的影像环境进而实现信息内容的展示，各种形式的银幕、投影机以及音响设备是这类展示方式主要运用的技术设备。对于不同类型的投影技术，其用于成像的银幕的形状与尺寸不尽相同，然而为了呈现出更好的沉浸性效果，要求所呈现的影像画面超过单一视点下人眼的视野范围，一般银幕宽度不应小于 10m，根据 16∶9 画幅比例计算，高度也不应小于 5.6 m。因而对于目前一些博物馆所采用的沉浸影像类展示方式而言，其银幕尺寸大多采用较高、较宽的尺寸规格，甚至部分的高度超过 10 m。此外还需预留部分空间进行投影以及音效装置的安装。因此，当展示活动运用沉浸影像类展示方式时，展示空间应具有相对较大的竖向尺度，以满足装置的安装，同时横向跨度也应尽量加大，避免柱子等结构对画面的遮挡。

例如，由何镜堂院士设计的上海世博会中国馆就考虑了大型的沉浸式影像设备对空间尺度的需求。为了容纳 6.5m 高的数字巨幕版《清明上河图》，其将位于 49.5 m 标高处的展厅的层高设为 10.8 m，使该展厅在除去结构占用的空间之外，仍有足够的净高满足巨型银幕的放置以及声光设备的吊装。此外，四个巨型核心筒居中布置、外部悬挑的结构形式使核心筒外围的展厅内完全没有结构柱的存在，从而保证了影像画面的视觉连贯性。

（二）结合观展行为方式量化空间体验尺度

展览手段的革新使参观者的观展行为发生了转变。在以往的展示活动中，观展行为以近距离视觉浏览这样一种静态观展方式为主，参观者在展示空间中的运动主要是为了通行，因此以往空间在参观者行为尺度的把握上仅考虑其静态行为所需的空间尺度。然而在当代展示活动中，影像类与交互类展示手段的出现使人们可以通过各种行为进行体验，参观者在空间中不仅可以通过静态观看影像的方式获取信息，也可以利用身体的运动通过互动行为动态地体验展品，因而在当代博物馆展示空间中，人体动态活动所需的空间尺度也成为空间尺度设计的一个考虑因素。对于不同类型的展示方式，动态与静态行为所占的比重不同，因此，设计师要在根据展示空间所应用的具体技术方式确定参观者主要的观展行为模式后，结合行为需求量化合理的空间体验尺度。

1. 静态行为尺度

展示活动中的静态行为主要表现为在由数字影像技术形成的展示活动中参观者的观影行为。由于数字影像的画面尺寸一般较大，并且由投影设备投射光线而形成，因此在浏览影像过程中为了完整地观察到画面信息同时避免对投影的遮挡，参观者需要在一定距离外欣赏展示内容，因此参观者与投影面所需保持的距离以及适宜观影的空间范围大小构成了空间的静态行为尺度。

根据人体工程学的数据，人眼在水平方向上的有效视角为60º，最佳视角为30º；在垂直方向上的有效视角为55º，最佳视角为30º。

当画面范围超过有效视角时，人眼需要不断地转动才能获得全部的信息，令参观者产生不舒适的视觉体验；当画面范围小于最佳视角时，人眼集中观察的区域会被一部分无用信息占据，容易分散参观者的注意力。因此设计师可以根据展示活动中投影面实际的长宽比例确定影响静态行为尺度的主要视线方向，分别以该方向的人眼的有效视角与最佳视角建立模型计算出最近与最远的观影距离，进而形成合适的视觉体验尺度。

以由伦佐·皮阿诺设计的洛杉矶电影学院博物馆为例。在对其中最主要的影像展厅进行设计时，皮阿诺就利用了人眼竖向的最佳与有效视角并结合银幕的高度计算了参观者的观影范围，从而确定了展厅的空间大小，使厅内的参观者都能具有优质的视觉体验感受。

2. 动态行为尺度

动态行为主要指在以互动为主要方式的展示活动中，参观者通过身体的运动进行人机交互并获取信息的观展行为。在与展品的互动中，人体各个部位的物理尺寸以及活动时产生的身体幅度大小所占的空间尺寸就形成了动态行为尺度。

相对而言，动态行为尺度的设计具有一定的复杂性。首先，在不同的交互方式中，参观者的动作行为不同，同时参与互动的人数不同，交互技术所能实现动作有效捕捉的空间范围不同，没有固定的标准；其次，在交互活动中，人群受到吸引进行围观的行为形成了空间中参观人群的临时性聚集，为空间尺度的把握带来了更多不确定的因素。因此，设计师在进行博物馆展示空间动态尺度设计时要结合交互式数字媒体技术形成的具体展示方式，综合参观者运动模式、参与人数、有效范围等相关因素，确定能够满足互动基本要求的空间尺度，并适度考虑相关不确定因素的影响，从而形成舒适的动态行为尺度。

（三）活用技术展演装置调节空间感知尺度

参观者通过对实际空间的比例等因素的主观感受，在心理感知上形成的空间大小即为空间的感知尺度。对客观尺度的设计目的是满足空间的功能需求，而对感知尺度的设计则是为了使参观者获得特定的空间感受。目前展示空间的感知尺度主要由空间的宽高比所决定。

除了基本功能尺度要求外,为了实现数字媒体展示与空间在心理感受上的同步,设计师在空间设计中应结合具体数字媒体展示形式以及所表现的内容主题选择合适的宽高比,以形成特定的空间感知尺度。

然而,在实际的建筑设计中,由于某些现实因素对实体空间的限制,空间的宽高比有时并不在技术展示活动所需求的范围内,致使空间感受与数字媒体展示所要表达的感受不能很好地契合,使参观者的临场体验受到影响。在这种情况下,由于数字媒体技术展品不同于传统实体展品,具有更强的灵活性,能以各种方式更好地融入空间参与空间的建构,因此可通过数字媒体展演装置的置入,对空间进行二次设计,调节空间的感知尺度。

1. 实体性调节

实体性调节是将数字媒体技术形成的展演装置作为异质空间体,通过吊装、穿插、附着等方式植入展示空间中,利用其自身的实体结构对空间进行填充或分割形成空间内衬,在保证参观者活动不受影响的情况下,改变空间的视觉比例,实现空间的"内缩",同时拉近数字媒体展品与参观者的距离,为参观者提供更舒适的体验。例如,在丹尼尔·里伯斯金设计的张之洞与武汉博物馆的展示空间(图3-7)中,设计师将一个圆筒形影像装置插入空间的顶界面中,影像装置以其巨大的体量减小了局部空间宽度,使参观者身处其中时,空间在横向感知上变得更具有围合感,所展示的影像信息仿佛围绕在参观者身边,同时在竖向感知上更加高耸,强化表现了数字信息"天穹"的浩瀚之感,从而为参观者带来更强的沉浸性。

图 3-7 张之洞与武汉博物馆（局部）

在 2015 年米兰世博会日本馆的展厅中，装置作品《和谐》（图 3-8、图 3-9）中，一片稻田形成了日本饮食文化起源的背景。这些水稻生长的高度各不相同。这种高矮不一的梯田在日本这个被群山和大海所包围的国家里非常常见，算是日本的一种特色。为了表现出水稻生长高度不一致的效果，并且体现出人与大自然之间的和谐关系，整个展间里被装满了模拟稻穗的小屏幕。这些小屏幕被安装在高度各不相同的位置上，从膝盖到腰部各不相等，从而创造出一个看似正向四面八方无尽延伸的互动投影空间。当参观者行走在其中时，所投影的图像会随着参观者在展间内的移动而变化，高低不一的"稻田"或浸没腰部，或仅至膝盖，他们能够体验到日本独有的稻田的生长变化，一年四季的景象尽收眼底，感受大自然从身边悄无声息地经过。丰富的空间心理层次为参观者带来了步移景异的空间感受。

图 3-8　装置作品《和谐》模拟稻穗的屏幕

图 3-9　装置作品《和谐》数字投影图像细节

装置作品《多样性》（图 3-10）旨在传递大量与日本食物多样性相关的信息。为了达到这一目的，作品采用了巨大的瀑布造型。这是一条圆柱形瀑布，可以 360°观看和操作。瀑布上不断呈现许多与食物相关的图片，参观者可以触摸沿着圆柱瀑布倾泻而下的图片。这些图片承载着许多有关日本食物的详细信息，参观者可以将这些图片传送到自己的智能手机上，这样他们就可以把这些信息带回家了。该艺术装置作品可以让人们分享他们的情感和经验，同时使提供大量信息变得更加便利。我们可以通过创造一个能让许多参观者在同一时间、同一地点分享相同经验的大瀑布，并且让这些信息能够同步到参观者的手机中来实现这一目的。

图 3-10　装置作品《多样性》

2. 虚拟性调节

除了利用数字媒体技术装置实体改变空间的实际比例，实现空间感知尺度的调节外，借助数字媒体装置展现的虚拟影像同样可以在不影响实际空间的情况下改变空间的感知尺度。它运用数字影像装置，在需要调节空间尺度的方向上生成具有透视感或模拟真实环境的立体影像，利用参观者的视错觉以虚拟调节的方式从视觉与心理上使参观者的空间感知尺度发生变化。TORAFU 建筑事务所为米兰家具展设计的佳能展厅就运用了这种手法．它在略显狭长低矮的空间的上方置入了数字影像装置并覆盖了整个顶界面，装置展示的模拟星云的动态影像所产生的视觉效应使空间突破了其固有尺度，将虚拟空间叠加于实体之上，拓展了参观者对空间的竖向感知尺度。同样，2014 年威尼斯双年展上摩洛哥馆的展示空间也利用了位于顶界面的技术装置所形成的数字影像，在有限的展厅空间中将参观者的空间感知尺度放大至摩洛哥城市空间的层级。

三、塑造利于信息表现的空间形体

随着信息技术的不断发展，展品的存在形式发生了改变，空间与展品作为"容器"与"内容"，不再因物质形态之间的差异而各自独立，而是逐渐相互介入，相互融合。因而对于空间形体的打造，设计师应跳脱出单纯考虑造型美学的空间设计方式，充分结合所运用数字媒体技术的特性与信息传播特点，赋予形式与技术更强的契合度，形成一个建筑空间与展示内容高度融合的数字艺术展示场所，为参观者提供一个更加优质理想的信息表现效果，从而增强公众的参观体验。

（一）软化形体边界突变

任何以视觉为传达方式的信息内容都必须依托于一个可视化的载体才能呈现给参观者，并且载体的形态会对信息的传播效果产生一定影响。由前文的分析可知，在以往的实物展示活动中，展品与空间相互分离，二者互不影响；同时展品的形态是其实体自身的物质属性，不因外界因素的改变而改变，因而实体展品的视觉效果并不会受空间形体造型的影响，既往的展示空间设计对空间形体样式也没有特定的要求。

而对于利用数字媒体技术打造的沉浸式影像展示而言，由于数字影像自身的非物质性，其必须依附于空间边界进行展示，进而承接信息的空间界面形态塑造出了影像画面的形态并影响着内容的视觉展示效果。根据人们的视觉习惯，一个连续不间断的画面往往会在视觉上产生更强的代入感，而当承载影像的空间形体具有较生硬的边界转折时，画面所反射到参观者眼中的光线会发生方向的突变，颜色与亮度发生断层，从而导致在人们的视觉感知上整个影像画面在形体转折处发生了突变，画面的连贯性被打破，使人们对虚拟空间环境的沉浸感受到影响，展示内容的传播效果减弱。因此，当空间内的展示活动采用沉浸式影像类的展示方式时，设计师应当通过软化边界的手段消解空间形体在交界处的突变，从而使影像画面自然地衔接与转换，为实现沉浸性的视觉效果提供良好的空间基础。

1. 柔性几何形体的运用

柔性几何形体指的是圆形或拱形等由光滑连续边界构成的基本几何体。相较于多边形的几何形体，采用柔性几何体作为空间的基本形体可极大地减少空间中边界硬性转折的数量，使映射于界面之上的光线形成更为连贯流畅的影像画面，并使人们在同一视角下可以观察到更多的信息内容。此外，柔性几何体的边界形态使空间形成了一种围合的趋势，使参观者在空间中被虚拟空间场景所包围，有助于人们沉浸感的生成。例如，在前文分析中所提到的慕尼黑宝马博物馆"博物馆碗"展厅，建筑师选择了一个柔性的碗形体量作为展厅的空间形体，以简洁的方式消解了整个空间垂直边界之间的硬性转折，形成了一个光滑闭合的成像界面，从而使投影在环形墙面上的数字影像画面更加连续流畅，为参观者带来更加真实的视觉代入感。

2. 拓扑空间结构的打造

拓扑学是探究几何形体在经过不断变换之后仍可以维持原本状态的一类性质的学科，其中的连续变换就是拓扑变换。拓扑研究的发展打破了欧几里得几何的壁垒，其衍生出的纽结、流形与褶皱等理论在应用于建筑领域后，使空间塑造的观念与手法都得到了极大的丰富。

设计师可以利用拓扑变换的手法，对展示空间的形体进行弯曲、拉伸、压缩、扭转等处理，使空间的各个边界得以平滑地过渡，有机地融合为一体，从而形成一种连续流动的空间形体结构，实现空间的非线性软化。同时，这种由拓扑形成的极具现代感的空间形态与数字媒体技术的高技术性特征在形象上更契合，能够营造出更具科技感的空间氛围。

以 NOX 事务所设计的汉诺威世博会荷兰水上展馆为例。建筑师将传感装置以及声光装置集成在建筑内部，打造了一个具有高度人机交互性的媒体化空间并利用拓扑的设计手法塑造出一个连续动态的空间形体。在空间内，建筑的各个界面相互交融，边界完全消失，从而实现了形体的高度软化。同时，空间没有任何一处是水平的，而是不断高低起伏。建筑师以这样的形体表现方式创造了一个"人工地形"，模拟水的不定性与流动性形态。当参观者在空间内走动时，传感器捕捉到参观者的运动信号并传递给声光装置，技术装置根据不同的运动行为发射出不同的蓝色光线，并产生独特的声效。软化的空间形体使光电装置发射出的光波能以更加流动的视觉形态映射在界面之上，配合声效的渲染，形成一个更具真实性的空间环境，从而给予参观者强烈的沉浸感。

（二）同化展示装置结构

在数字媒体技术逐渐介入展示领域后，当代的展示活动相较于传统的展示活动，更加强调参观者的行为参与，着重考虑展品内容与参观者之间的互动交流。由此当代的数字展示活动大多跳出以往参观者只能从展品形体的外部以客体的视角欣赏展示内容的参观形式，创造出可以使参观者置身于其中的"空间环境"，使参观者能以主体的视角从展品的内部主动地进行感受与互动，在这样的发展趋势下，数字艺术展示活动逐渐呈现出空间化的特征。在数字媒体展示活动空间化的影响下，建筑师开始尝试将数字媒体艺术装置的结构同化为打造展示空间形体的结构性元素，以装置化的理念塑造展示空间的形态。

建筑与装置的相互结合使建筑空间既作为承载数字媒体艺术的展示场所，又具有了数字媒体装置的属性，空间与数字展示在物质形态上产生高度的融合，从而增强了数字展示主体的信息表现力。根据同化方式的不同，同化装置结构的手法可分为整体空间同构与局部空间附着两种。

1. 整体空间同构

整体空间同构是指通过借鉴装置艺术的设计手法，创新地选择建构材料以及建造方式，将博物馆建筑空间的形体完整地塑造成一个数字艺术展示装置，形成"建筑即展品"的装置建筑形态。

整体同构的设计手法常用于以数字媒体技术作为展示途径的小型主题博物馆或临时性博物馆展示空间的建造中，使展示空间在形体的营造方面突破传统建筑空间固化僵硬的设计局限，以更加灵活多样的形式增强展示空间形体的可塑性，给予参观者更加个性化的空间视觉印象，同时令参观者在空间中的行为完全等同于对数字展品的体验。

以2002年瑞士世博会的临时展馆"朦胧之屋"（图3-11）为例。Diller Scofidio+Renfro事务所利用整体同构的形式，打造出一个具有交互展示功能的装置化展览建筑。其空间没有传统博物馆建筑的空间构成元素，而是以金属框架作为空间的形体结构，抽取湖水并经由框架上31 500个高压喷嘴的喷射形成水雾。水蒸气由智能天气系统控制，该系统可以调节水压，从而形成主导其形态的"人造云"，以此作为空间的"界面"，从而使整个空间的形体模糊不定。与此同时，水雾也弥漫在空间的内部，令空间内部也处于了视觉模糊的状态。参观者需要穿着特制的雨衣进入空间中，雨衣内储存着个人的数据信息。在进入空间后，内部的传感装置会通过与雨衣的联动捕捉参观者的位置，当感知到空间中有参观者相遇时，装置会分析相遇人群信息的匹配程度并操控雨衣呈现相应的色彩，使人们在原本无视觉参考的环境中凭借光色的变化进行空间的探索，从而实现了人与人、人与空间的多元交互。

第三章　基于数字媒体技术的博物馆展示空间设计

展示空间形体的完整装置化打造在实现了技术与空间高度融合的同时，也形成了独具一格的空间形态。

图 3-11　2002 年瑞士世博会的临时展馆"朦胧之屋"

2. 局部空间附着

局部空间附着的手法是将数字艺术装置以贴合、穿插、悬吊等方式附着于展示空间内部，形成局部空间的装置化形态。内部附着共生的形式对展示空间的体验功能进行了补充，同时利用装置的结构对空间的基本形体进行了二次塑造，从而使展示空间形体具有更加富于变化的视觉表现力，吸引参观者进行体验。

例如，在三星创新博物馆展示空间（图 3-12）中，建筑师利用顶部穿插的方式将多个斗形影像装置附着于空间内部，在大空间中分隔出较私密的小型体验空间。此外，该展示装置的局部穿插重塑了既有空间，使其产生凹凸有致的变化，丰富了空间的形态。

新时代背景下博物馆展示空间设计研究

图 3-12　三星创新博物馆展示空间（局部）

（三）适配特殊技术要求

对于绝大多数的数字媒体技术而言，它们的展示形态具有一定的灵活性，在博物馆展示空间中可以根据所处空间的具体形态作出一定的调整，使展示可以顺利进行。然而由于某些数字媒体技术数字信息内容的生成与呈现方式存在一定的特殊性，其技术本身不具备可调节的灵活性，因而当这类数字技术被应用于展示活动中时，对用于承担该展示功能的博物馆展示空间具有特定的形体构造要求。这种形体是由技术特性强制限定的，如果空间形态无法满足其技术的特殊需求，信息将无法表现，展示功能将无法实现。因此，当博物馆具有特殊技术展示的功能需求时，对此展示空间的设计应采用固定的形体结构对技术的特定展示形式进行适配，同时根据规模确定空间体量，从而保证展示活动的正常开展。

通过对既有项目案例的总结，目前在应用于博物馆展示活动的各类数字媒体技术中，球幕投影技术对于空间的形体具有规定性的要求。球幕投影技术的影像在拍摄与放映时均是通过鱼眼镜头完成的。鱼眼镜头是一种焦距在 16mm 以下的短焦距超广角镜头，这种镜头的前镜片呈抛物状向镜头前部突出，与鱼的眼睛颇为相似，以此被称为"鱼眼镜头"。由于球幕技术的目的在于形成一个超越人眼视角的影像画面从而形成强烈的沉浸感，因而球幕电影所采用的是由鱼眼镜头拍摄的具有 180°视角的圆形鱼眼图片。

但这种大视角的图片画面具有很强的畸变效果，以正常的方式投影会损失画面信息，在放映时需要通过180°视角的鱼眼镜头将图像投射到球形界面上才能还原为正常的超广角视觉图像，使人产生视觉沉浸感。因此，球幕影像技术由于银幕的形式将展示空间限定为球形或半球形的空间形体。

技术的限定为空间的创作带来了一定制约，然而球幕展厅一般以一个大体量的形态存在，具有很强的视觉辨识度。因而如果能通过恰当的空间组织方式将球形体量植入博物馆空间中，则会使空间形成生动独特、层次丰富的空间形态。

目前对球幕展示空间体量常用的组织方式有体量内置和体量溢出两种。体量内置是将整个球形空间置于博物馆建筑空间内部，使之成为活跃空间形态的空间节点，为参观者创造富于视觉变化的参观场所，从而激发参观者的探索欲望。以由波尔舍克建筑事务所设计的纽约美国自然历史博物馆，罗斯地球与太空中心，展厅为例。设计师将一个直径87英寸的球幕展厅置于整个立方体空间中，巨大的空间体量以及内外形体的强烈对比使其成为馆内的视觉焦点。球体外部由覆盖其上的金属镶板拼合出类似经纬线的线条，将展厅模拟成地球的形态，配合着空间内其他的装饰，使展厅内的参观者仿佛进入太空之中，产生了新颖奇特的空间体验。同时，展厅外部玻璃立面的设计使独特的内部空间形态渗透到城市空间中，引起公众的好奇心，从而吸引更多的人前来参观。

体量溢出是指将球幕展厅的球形体量以部分或整体的形式凸出于博物馆建筑基本形体之外。体量独特的边缘形态不仅塑造出具有活力与动感的建筑整体造型，同时作为一个特殊的形体符号起到了标志性的作用。例如，在加州科学院的空间设计中，伦佐·皮阿诺将天文馆区域内的球幕展厅以部分溢出的形式凸出于建筑的平屋面，形成了一个隆起的圆顶。球幕展厅的局部溢出使整个建筑的屋面具有了连续高低起伏的自然地貌形态，更加契合了建筑师创造地景建筑的设计思想。又如名古屋科学博物馆和天文馆以整体独立的方式将博物馆的球幕展厅插入两栋建筑之间，既打破了单调的建筑形体，形成了更加灵动的形态，又以差异化的形体塑造了博物馆的标志性特征，增强了建筑的识别性。

第三节　基于数字媒体技术的博物馆展示空间的环境营造

对于空间形式的构建可以为承载全新的展示活动提供良好的物质基础，而对于空间环境的营造则可以为人们的临场体验渲染出更理想的情境氛围，辅助强化人们的心理感受。如今博物馆展示空间的环境不再以传统固化的设计模式为标准进行塑造，而是以数字媒体技术介入下观者的体验为核心。由此，本节以此为宗旨，在当代博物馆展示空间的环境营造方面提出塑造消隐化实体环境、强化信息化流动氛围、营造沉浸性声景环境与建立数字化空间导引四种设计手法，并结合案例展开针对性探讨。

一、塑造消隐化实体环境

在当代，由于数字媒体技术所形成的展示活动强调大众的沉浸式体验，即将全部的感官精力投入对展示内容的感知当中，并且数字媒体展示内容的表现方式往往是在真实空间中幻化出一个虚拟的空间场景，引导参观者进入虚构的环境中获取信息，因此，塑造环境时应以弱化参观者对实体空间的感知度为目的，对展示空间的环境进行"去物质化"的处理，使营造空间的物质实体的视觉表现力降至最低，形成一种消隐化的空间环境，从而使参观者对空间的注意力集中到空间的"虚相"上去，更加沉浸地体验数字媒体构建的虚拟空间环境。

（一）虚化界面材质

对空间实体感知的弱化首先可从界面材质的选择入手。材质作为构建实体空间的最基本的物质要素，是人们在空间中所能观察到的最直观的视觉元素之一。不同的材料其物质特性具有差异，所形成的视觉感受也不同。在传统的博物馆展示空间设计中，建筑师常用混凝土、木材、石材等物质材料打造空间界面，这类材料不透光也不折光，在视觉表现上不与其他环境元素相融合，因而呈现出独立与稳定的材料质感，使人们仍然能通过对界面的感知明确地感受到实体空间体量的存在。

随着建筑建造技术的不断发展，界面逐渐摆脱了承重结构的作用，其材质的选择也更加多元化。因此，当代的博物馆展示空间在营造实体环境的模

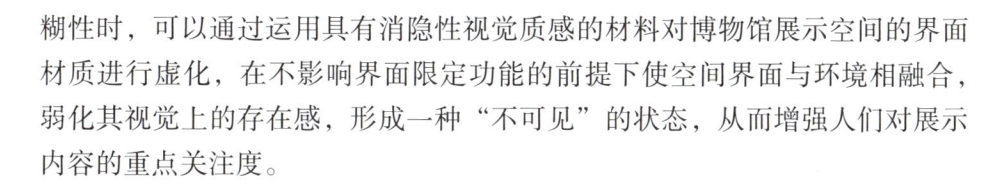

糊性时，可以通过运用具有消隐性视觉质感的材料对博物馆展示空间的界面材质进行虚化，在不影响界面限定功能的前提下使空间界面与环境相融合，弱化其视觉上的存在感，形成一种"不可见"的状态，从而增强人们对展示内容的重点关注度。

1. 反射性材质

反射性材质是指镜面、抛光金属等表面具有极强的光反射性的材质。利用反射性材质塑造的空间界面，可以将周围空间的景象通过光的反射呈现在界面上，形成内部空间在视觉感知上的延伸，使人们产生仿佛边界并不存在的视错觉，实现一种不透明物质的伪透明，从而在视觉和心理上模糊空间实体的存在。

例如，在由 teamLab 设计的东京数字艺术博物馆的"共振灯森林"主题展厅中，设计师通过在空间中置入大量可以捕捉参观者运动行为并实时改变灯光效果的共振灯，打造了一个大型交互沉浸式艺术装置，并利用镜面材质构建空间的各个界面。整个空间在不断的镜面反射下被无限地延展，形成了一个无边际的"灯林"（图 3-13），使处于其中的参观者完全无法察觉实体空间边界的存在，全身心地沉浸在装置所呈现出的光影世界中。又如上海玻璃博物馆在展示空间的打造上同样采用了镜面玻璃作为界面的材质，并将界面打造成凹凸不平的形态，映射在界面上的影像以各种角度相互反射，形成了万花筒般的复杂视觉效果（图 3-14），使参观者感觉仿佛从真实空间进入了迷幻的虚拟空间，形成更加印象深刻的体验。

图 3-13 东京数字艺术博物馆的"共振灯森林"主题展厅（局部）

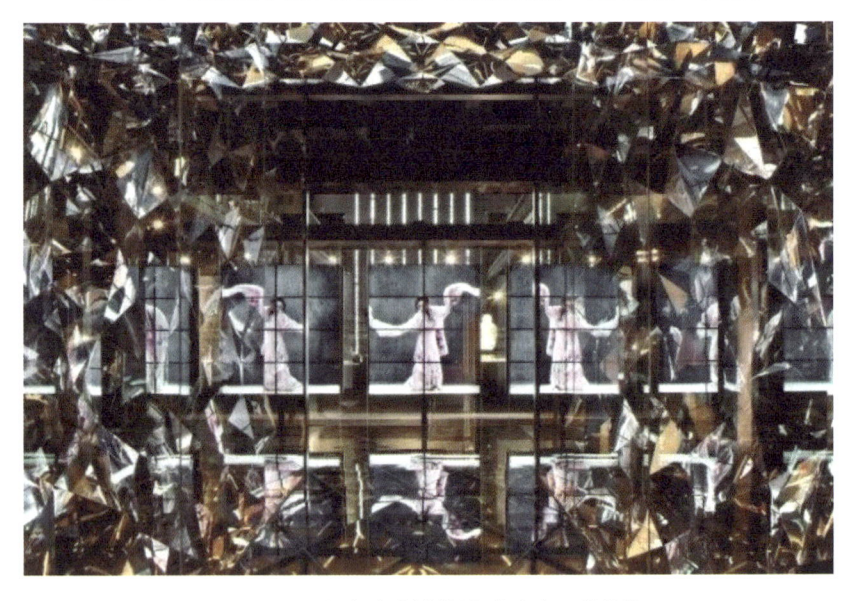

图 3-14 上海玻璃博物馆"玻璃万花筒"

2. 半透性材质

半透性材质，顾名思义，是指介于全透明与不透明之间，具有一定透光性特征的物质材料。其外观的"去质量感"与"非物质性"是该类型材质所形成的空间界面具有消隐性的核心要素。在用于承载数字媒体展示活动的博物馆空间中，建筑师常用织物、水幕、膜材等半透性材质打造空间内部的分隔性界面。

半透明界面的运用使空间内部既具有了视觉通透性，又能利用半透性界面作为数字影像画面的投影面，使参观者在空间中消解了对空间内部实体分隔的感知，将更多的注意力放在了对虚拟影像的观察中，从而增强了数字信息的展示效果。

在2012年威尼斯双年展克罗地亚馆中，建筑师运用了柔性半透明织物作为空间的分隔以及投影的界面。半通透的视觉效果消隐了物质界面的存在，影像画面仿佛漂浮在空间中，参观者可以不受阻隔地从各个角度观察到影像内容，形成了连续的沉浸体验。

又如在2009年米兰设计周佳能展厅中，建筑师平田晃久利用半透性的膜材料打造了内部的空间界面，并通过投影的方式将虚拟形象呈现在界面上。界面两侧环境的视觉渗透弱化了人们对界面的感知，使人们更加沉浸于海洋世界的虚拟环境中。

（二）降低光色刺激

除了空间的物质实体元素外，空间环境中的光线和色彩同样对人们感知建筑空间的存在起到了重要的作用。不同的环境光线强度与色彩选择会给予参观者不同的视觉感受，进而影响人们对空间的认知与判断。具有强烈视觉冲击感的光色环境会引起人们对空间的注意，而弱化的光线与色彩表现则会使参观者的视觉关注重心发生转移。

因而，降低环境的光线与色彩的视觉刺激是消隐实体空间环境的有效环境设计手段之一。具体来说，降低环境的光色刺激可以通过减弱环境照度与弱化色彩表现两种方式来实现。

1. 减弱环境照度

任何物质之所以能够被人眼所感知，是由于环境中的光线照射在物质的表面并反射到人眼中所形成的结果。环境光线越充足，反射到人眼的光线越多，人们对物质的识别也就越清晰；光线越微弱，效果则正好相反。

由此，在空间中通过降低环境的照明强度，减少空间内的光线，使参观者能观察到的空间信息减少，可以在视觉上实现对空间的消隐。同时，较低的环境亮度与数字媒体技术所展示的信息内容之间的明暗对比会将展示效果放大，将无意识的视觉体验转变为有意识的视觉发现，使人明确地察觉到虚拟信息的存在，从而形成更具沉浸性的感受。

例如，在TORAFU建筑事务所为东京柯尼卡美能达广场艺术馆设计的水气球展厅中，建筑师在展厅内悬挂了36个可以感知参观者的靠近从而改变自身光线强弱的交互式灯光装置，并且完全取消了空间的环境照明，形成了一个无光的黑暗封闭空间。在整个展示空间中，交互灯光装置成为唯一的光线来源，刺激着人们的视觉神经，从而使参观者忘却了实体空间的存在，更加专注于与装置的互动。

同样，在位于奥地利索尔登的007 ELEMENTS博物馆空间设计中，本土建筑师约翰·奥伯莫瑟通过降低环境照度的手法来营造各个展厅昏暗的光线环境，将界面消隐于黑暗之中，同时环境亮度与影像画面强烈的明暗视觉对比使展示信息更加突出，营造了极具沉浸式的空间氛围。

2. 弱化色彩表现

在人们观察事物时，最先捕捉的视觉信息便是物体的色彩。色彩所表现出的效果主要由其色相、纯度和明度三个基本特性所决定。

中性的、低饱和度的以及低明度的色彩对人的视觉刺激性较弱。由于人的视觉活动具有选择性，即往往更能注意到视觉刺激强的事物，因而建筑师在环境色彩的选择上，应主要采用此类低刺激的色彩作为环境背景色，使人们对空间环境的关注度减弱，间接地弱化了人们对实体空间的感知，并将注意力更加集中在具有丰富视觉变化的展示内容上，进而实现更好的信息传播效果。

此外，环境中色彩的种类对人们的视觉感知也有很大的影响。当空间中运用的色彩种类偏多时，会形成视觉上的复杂性，使人们的一部分注意力分散到空间环境中，削弱了对展示内容的专注度，因而在空间中应尽量选择单一的色彩。

以上海电影博物馆为例。整个展示活动采用各种数字媒体技术作为展示内容的呈现方式，并且为了避免空间对人们观察展示内容的专注度的影响，建筑师在环境色彩的设计上运用了低明度、中性色调的黑色作为各数字展厅中各种物质元素的统一背景色，从而使人们从心理上忽视实体空间的存在，将视觉重心放在影像所展示的虚拟信息上。

（三）打造虚拟边界

由前文可知，"消隐"的设计理念就是让实体"不可见"。无论是界面材质的创新运用，还是环境照明和色彩的设计，其本质都是从心理层面上实现实体空间相对的"不可见"，其物质实体仍然存在于环境之中，因此只是形成了间接的视觉模糊。而最直接的消隐手段则是对界面的物质进行消解，从根本上化解实体的存在。

对于传统的博物馆展示空间而言，边界物质性的"消解"主要是选择开洞透空等方式来实现，使人们的视线更加通透连贯。

然而随着数字媒体技术介入空间设计中，数字信息逐渐成为塑造空间界面的"物质"。人们可以将空间作为介质，利用光电技术在空间内形成既有艺术展示性内容，又具边界性意义的可视化虚拟界面。这不仅对空间起到了围合的作用，在视觉上限定了人们的活动范围，而且保持了参观者视觉上的通透性，形成了一种介于"存在"与"不存在"之间的状态。同时，用信息元素代替空间的部分实体元素，实现了对空间的物质性消隐，使参观者在感受虚拟"界面"的艺术内涵时弱化了对于自身处于真实空间的认知，更加沉浸于虚幻的空间环境中。

打造虚拟边界的表现方式之一是通过较为柔和的散射式"光界面"围合出具有一定范围并暗示参观者在此范围内进行活动的空间。例如，在2017年荷兰设计周中，Nick Verstand工作室在展厅内打造了一个名为"脉动"的新媒体装置。其利用激光技术在空间内形成了仿佛由帘幕围合般的多个半透性锥形空间，当参观者佩戴生物传感器进入围合的空间时，传感器会记录人们的脑电波变化并传递给激光装置，使激光束的颜色与边界形态发生相应改变，实现个人心理信息的物化并以可见的形式传递给其他参观者。如此的设计使参观者忽略了展馆空间的存在，沉浸于激光所打造的独立虚拟空间之中。

又如安藤忠雄在米兰家具展COS馆内塑造的多个由光束所限定的个人空间，该空间在作为馆内展示内容的同时，与将人们引导至单独的光束内部，在被"重新界定"的空间中活动，从而改变了参观者对真实空间的感知。

另一种表现形式则是利用技术形成一个在心理感知上不可进入与穿越的界面，这类效果往往由较集中的激光所形成。以巴黎的洛朗·穆勒艺术馆为例，艺术家崔正文（Jeongmoon Choi）利用激光的线性投射在空间内形成了具有硬性几何形态的虚拟边界，使空间仿佛被激光"界面"重新进行了划分，具有了很多限定性的隔断，引导参观者弱化对原有空间形式的认知，以一种新的行为方式进行体验。

二、强化信息化流动氛围

空间环境的流动性又可解释为动态性，指的是空间不是一个静止的存在，而是实时变化的。传统的博物馆展示空间主要是通过柔性形态的塑造模仿流动性的意向，形成一个假性的动态氛围。随着数字媒体展示活动的空间化，其自身所携带的信息也逐渐充溢在空间的内部，成为空间的构成元素。或虚拟、或实体的信息表现形式既丰富了空间的展示内容，又能够在数字媒体技术的控制下动态地发生改变，从而令空间的表现效果不断变换，为空间增添了时间的维度，增强了空间临场的感染力，使人们更真切地感受到空间元素的流动，进一步激发参观者体验的兴趣，实现信息的高效传播。同时，在数字媒体技术的影响下，空间的灯光系统也从固定的效果转变为智能实时的情景烘托，辅助环境动态氛围的形成。因此，以下将以空间与信息的融合形式以及光影环境的渲染方式为出发点，探讨具体的设计手段，从而强化展示场所的信息化流动氛围。

（一）塑造影像化媒体界面

数字影像是大多数数字媒体技术信息内容的主要可视化表现方式，其丰富的信息变幻效果能给予参观者视觉上时空转换的感受。与此同时，空间界面是人们感知空间存在的重要因素，界面表征形式的变化使空间的环境状态也发生相应的改变。

因此在当代的博物馆空间设计中，设计师尝试采取不同的技术方式，将影像信息集成到空间界面上，塑造出影像化的媒体界面。对界面的影像化图解使界面成为数字信息的媒介，在实体界面之外形成了一层虚拟的信息界面，并利用图像信息的变化不断地幻化界面的表情，让人们明显地察觉到空间元素的流动，从而以数字化的语言赋予了空间动态流动的环境氛围。

1. LED元件的界面集成

塑造影像化媒体界面的一种方式是将LED发光元件与界面集成融合，使界面自身可以在计算机与电路的控制下实现光效的变化。

LED是发光二极管的英文缩写，其利用电子和空穴的复合实现可见光的放射。相比于传统的照明器材，LED元件色彩丰富，利于调控，同时具有良好的显色性，能高效地还原图像信息。此外，LED还具有寿命长、易维护、环保、安全、数据化匹配效果好等优点，由此其成为构建媒体化界面最常用的光学元器件。由于 LED 元件的安装具有很强的灵活性，因而其能够以多种方式实现与界面的整合。LED 与界面主要有外置、夹层和内嵌三种集成模式。由于目前博物馆室内空间的相关案例有限，因此此处将结合一部分该领域外的先进实例进行分析，以探索 LED 集成的方式在打造博物馆内部展示空间媒体界面的应用前景。

外置式主要指将 LED 元件组合为 LED 显示屏并装配于原始界面体系之外，形成较为独立的媒体界面。外置的方式对原有的空间界面进行了覆盖，使数字图像信息的视觉效果不受原本界面材质属性的影响，从而增强了影像化界面的动态表现效果。例如，伊万在迈阿密的斯蒂芬·克拉克政府中心大厅中就采用外置化的方式，将灯箱式的 LED 屏幕以螺栓固定的方式贴附于柱子的外界面，打造了多面影像化的媒体界面，通过界面的传感装置对人的图像信息进行捕捉，并通过计算机对图像进行抽象化处理，映射在界面之上，形成实时变化的界面表情，从而为沉闷单调的大厅空间带来了动态化的空间氛围。

夹层式主要应用于具有双层表皮体系的空间界面，其外侧界面常为具有透光性的材质，可将 LED 元件安置在两层界面之间从而实现对界面的图解。居中安置的整合方式既增加了整个界面视觉效果的层次，又使界面表情形成了动态的信息变换，进而凸显了环境的流动转换。以格拉茨博物馆为例。该博物馆以风格迥异的建筑外形而闻名。其外部界面的影像化图解就采用了夹层的形式，核心的光效系统称为"BIX"，由 930 个环形 LED 灯阵排列而成，并安置于双层表皮之间，形成了复杂的媒体界面。LED 在计算机的控制下可以独立地产生明暗的变化，并透过半透明的丙烯酸玻璃界面展示给公众，在光效的动态变换中给予参观者流动性的空间感受。

内嵌式整合是结合界面材质的特性，将 LED 元器件以特殊的形态嵌入界面之内，形成一种光学装置元件消隐化的影像化媒体界面。这样的集成方式在营造了动态化空间效果的同时，又改变了原始界面材质的肌理与质感，由此丰富了界面的视觉表现力。但内嵌式的方式会使图像信息的效果因材质的属性而受到一定影响，在整合时要进行一定的处理。例如，ENESS 媒体工作室在对澳大利亚的卡布里尼医院的室内设计中，创新地将 LED 元件植入经特殊处理的木材中，形成了内嵌式的媒体界面。整个界面在空间中呈现出森林世界的卡通数字影像，并根据时间的变化或人的互动行为动态地改变影像的内容，使整个空间环境具有了时间的维度，使其在时间的流动中不断地变化。

2. 投影设备的界面映射

塑造影像化媒体界面的另一种方式是利用投影装置将虚拟影像直接投影在既有界面上，实现对界面的"图解"。投影的方式相比 LED 集成的方式更加简洁方便，无须满足过多的技术构造要求，只需要界面具有较强的漫反射性能以及较昏暗的空间环境即可突出动态的视觉效果，使界面情态随数字影像画面的动态更迭而时刻改变，营造出一种更类似于自然光影变换的流动性环境气氛。

在今日美术馆的展示空间内，曹玉玺利用投影的方式，将其设计的影像艺术投射到空间的各个界面，形成了对界面的影像化处理，使空间既承载了艺术展示内容，又在动态影像的渲染下激发出动态的环境氛围。

（二）增设交互式机械界面

在多元化的数字媒体技术表现形式的影响下，利用数字媒体技术所营造的动态性环境氛围，不仅可以体现在空间界面所呈现出的数字信息元素的变化上，也可以通过空间中物质元素的变化来展现。具体来说就是基于数字媒体信息技术以及机械控制技术的共同精准控制，通过参观者的行为互动使装置界面的物质状态发生相应的改变，从而营造出动态流动的环境氛围。

因此，在当代博物馆的设计中，人们可以将传感装置、机械构件与物质材料相结合，打造出具有人机交互性的机械化动态界面，在兼具艺术性展示作用的同时使环境的视觉效果在人与环境的不断互动中动态地更迭，以此活跃空间的氛围。

1. 控制肌理变化

利用机械化装置界面营造动态氛围的一种方式是以一系列小型的机械单元的组合形成一个整体的装置界面，并将捕捉到的参观者行为信息经过计算机的转换反馈给机械装置，使界面的每个结构单元以各自独立的形式进行一定的机械运动，每个模块的不同运动形式反映到整个界面上即实现了界面肌理的动态变化，由此形成了环境的流动性。

例如，在韩国丽水世博会现代汽车集团工业馆的展厅内，建筑师打造了四面交互式机械界面，其兼具展示和围合空间的作用。界面以立方体作为界面单元，其背后由传感装置以及集成式步进电机共同控制。当界面感受到人的活动信息时，传感器会操纵电机运动使界面的立方体模块产生凹凸变化，形成不断波动的界面肌理效果，从而使空间环境具有了动态性的特征。

又如，"海波面"实验性装置的整个界面以三角形金属板为单元构建，并由气动活塞驱动。界面会根据人们的运动、声音等行为信息实时地使每个三角形金属板产生起伏与倾斜等运动，形成流动性的肌理变化，并对环境的状态产生影响。

2. 控制界面开合

另一种利用机械界面营造动态氛围的手段主要是在人机交互的驱动下，通过控制界面的显隐与开合进而形成空间环境的流动。以卡洛·拉蒂设计的西班牙萨拉戈萨世博会数字水展馆为例。其将展馆的界面打造为一个以水为材质的交互式机械装置界面。当装置感应到人靠近时，其会在计算机的控制下关闭相应区域的喷头，形成一个界面的开口，使参观者能顺利进出。界面的动态显隐赋予了环境更多的视觉变化，在营造了流动性的同时增强了环境的趣味性与交互性。

（三）渲染实时性光影色彩

对于博物馆展示空间而言，特定的光环境不但能塑造浓厚的情景氛围、提升展示主题的表现力，也能有效地调动参观者的临场情绪，增强参观者对展示活动的共鸣感，引导人们正确地意会展览内容，从而实现良好的信息传播效果。在传统博物馆中，由于展品以静态的形式存在，其信息内容恒久不变，因而在营造空间光环境时一般也采用固定单一的照明方式辅助内容的表现。然而随着数字媒体技术展示方式在博物馆内占据了展示的主体地位，展示活动所呈现出的信息内容也不再以静态的形式进行表现，而是以连续动态的信息流的形式呈现。在此情况下，传统静态的灯光渲染模式已无法持续地呼应展示内容，这就对灯光氛围的搭配提出了新的要求。

因而，当代博物馆在展示空间光环境的处理上，需要适应展示内容的全新表现特征，充分结合全新的技术手段，构建出一个可实时动态调节的光效系统。光环境的动态化调节主要是对空间照明系统的明暗或色彩变化进行实时的渲染。当代先进的光电技术的运用，使设计师可以利用计算机对灯光系统与数字媒体展示系统进行联动，既能够实现环境光效与影像画面的实时匹配，又能通过对人视觉的刺激使参观者感受到空间元素的不断变化，进而营造出流动变换的环境氛围。

以扎哈·哈迪德在2017年米兰设计周上为三星集团设计的"无限制"

展馆为例。扎哈在空间内打造了极富动感的流线型的影像互动屏幕装置，并使其"悬浮"于空间之中。与此同时，她还在空间界面的交界处铺设了与互动装置联动控制的灯带作为环境照明。参观者与装置的互动使屏幕的影像画面产生变化，同时环境灯带的色彩也在技术的控制下发生相应的改变，形成与当前画面相统一的气氛。影像画面与环境光效产生的变化共同打造出了流光溢彩的视觉效果，使人们在生动的视觉体验中感受到了环境的变化。同样，由 Thomas Roszak 建筑事务所设计的芝加哥阿德勒天文馆欢迎画廊将传感装置、投影装置以及照明装置三个装置连接在一起。当参观者步行至特定位置时，相应的投影装置会开始独立影像的展示，而位于半透明织物界面内部的照明灯光也会根据当前展示的影像生成特定的环境色彩，以此来契合不同内容的主题。

三、营造沉浸性声景环境

声音本身是一个由不同连续片段组成的信息流，其蕴藏着所描绘情境的时间与空间信息。由前文分析可知，在传统的博物馆展示空间中，视觉观展是主要的活动方式，因而建筑师对于空间环境的设计大多集中在视觉效果的营造上，很少考虑对听觉环境的处理。随着展示方式的转型，数字媒体展示多以视听结合的方式呈现于博物馆展示空间中，听觉成为辅助增强参观者代入感、获取展示信息的途径之一，空间设计对声效的关注度也逐渐提高。良好的听闻效果既要靠先进技术设备支持，又要靠优质的声学环境，二者相辅相成，缺一不可。因此，以下从合理布置扬声设备强化立体声场、布置吸声材料或结构控制混响时间以及设置隔声隔振构造减弱噪声干扰三方面分析如何营造优质的声景环境，强化参观者的沉浸性体验。

（一）合理布置扬声设备强化立体声场

电声还音系统设计是塑造博物馆展示空间声场效果的基础条件之一。目前数字媒体展示活动常采用立体声还音系统作为音源传播方式。立体声还音系统是指能够将多个传声器、传输通道和扬声器按一定规律排列的电声系统。相较于声音从一个方向发出的单声道系统所形成的单薄干瘪、缺乏真实感的声场效果，立体声系统根据人耳定位的机理为参观者产生声源空间分布的感觉提供服务，它能够将呈现出的声效与画面所表现的声源方向进行匹配，使声音所蕴含的时空信息融入真实空间中，令展示空间内的参观者在心理上产生特定的联想，进而形成身临其境的空间感受。

常见的数字立体声还音模式主要有5.1与7.1声道。5.1声道由中央声道、前置左右声道、后置左右环绕声道以及次低频声道组成。7.1声道则在其基础上增加了2组侧环绕声道，改善了由于参观者位置不同产生声场偏差的问题。例如，上海世博会城市生命馆"活力车站"展厅采用5.1声道立体电声系统，将车站环境的背景声效与视频画面紧密结合，真实地模拟车站的空间环境，带领参观者领略城市的飞速变化。随着电声技术的发展，立体声道数逐渐开始扩展为11.1、14.1、22.1等，能更加强烈地营造出声场的环绕感。例如，城市生命馆的"城市广场"展厅就采用14.1声道设计，在银幕下方布置了14组扬声器与7个低频扬声器，形成了极具震撼力的听觉环境，使介绍各城市广场的影像的感染力大大增强。

立体声环境的效果一方面取决于音频技术与传声设备质量，另一方面则取决于各声道的扬声设备在空间中的布置形式。不恰当的声道布置方式会使声场的分布不均匀，导致声音的空间感被减弱，音质受到影响。由此，在营造博物馆展示空间的立体声环境时，设计师应对传声设备的平面布局、安装高度以及倾斜角进行合理具体的设计，保证展示空间内声场分布的均匀性与声波辐射方向的合理性，从而强化立体声场的听觉效果。

1. 平面布局

中央声道、前置左右声道与次低频声道组成的主声道扬声器应布置于银幕后侧，中央声道位于银幕的中轴位置，左右声道分布两侧。为强调三者各自声场的方向性，左右扬声器与银幕边界的距离应为0.1 W（W为银幕宽度），以此加大三组扬声器间的距离，并调节各扬声器的水平角度，使声轴均指向参观者观赏活动区域的中心。次低频声道由于方向性不强，因而可布置在中央声道的两侧或一侧。

环绕声道扬声器应布置在展示空间的左右侧墙与后墙上。为防止环绕声过于靠前对主声道声场造成影响，银幕与侧墙上距其最近的扬声器的间距 $L1$ 应控制在银幕与后墙距离 L 的1/3以上，并大于左、中、右主声道扬声器间的距离，同时应保证前区环绕声音响与后墙环绕声音响之间的距离 $L2$ 在17m内，以避免差距较大的延时声。此外，将环绕声扬声器之间的距离 E 设定在2.4～3m的范围内，并等距布置，以此形成环绕声束间的交叠，实现均匀的声场覆盖效果。

2. 竖向布置

竖向布置主要是设计声道扬声器的高度与倾斜角度,使各声道的声场能均衡有效地辐射在展示空间内。

在不做吸声处理的情况下,博物馆展示空间内的平均吸声系数往往不能满足空间形成合适的混响时间。因而在展示空间声景环境设计时,应结合空间体积、各频段声音吸收现状等实际情况与材料结构的吸声特性,适当地铺设一定的吸声材料与吸声结构,以保证空间内各频段均具有充足的吸声量,将混响控制在规定的范围内,同时避免强反射声影响立体声空间感问题的出现,实现声场的高质量还原。

(二)布置吸声材料或结构控制混响时间

1. 多孔材料吸声

多孔材料吸声是指通过铺设内部具有大量相互连通并通向外表的微小孔隙的材料来实现吸声。其吸声原理就在于其内外互通的孔洞,声音射到多孔吸声材料上,声波能沿着孔隙进入材料内部,引发微孔内空气的振动与摩擦,使部分声能转化为热能而被消耗。多孔吸声材料对中高频声波的吸收效果较好。吸声性能主要受孔隙率、结构因子与空气流阻影响,在一定范围内,厚度增加,中低频吸声效果增强;孔隙率越小,空气流阻越大,吸声效果越差。此外,在多孔材料背后设置空气间层,可提高一定的低频吸声能力。目前常见的多孔吸声材料主要有毛毡、毛地毯、木丝板、岩棉、矿棉、玻璃棉等。博物馆展示空间内可采用在地面铺设地毯,将加工成型的木丝板、矿棉板或玻璃棉板直接贴附或通过龙骨固定于墙面,以及将多孔板吊装于顶面的方式布置多孔吸声材料。

2. 共振结构吸声

对于博物馆展示空间而言,为追求空间的美观性,有时会铺设一些板材进行装饰,因此铺设时可在其背后预留一定的空气间层,通过板材自身或空气与特定频率声音发生共振产生摩擦,进而消耗能量实现声波吸收。根据共振物体的不同,共振分空腔共振与薄板共振两种形式。

(1)空腔共振结构。以各类穿孔板为饰面层,背后设置空腔并通过穿孔与外部相连,形成空腔共振结构。其原理与亥姆霍兹共振器相同,当声波频率与结构频率相同时，孔颈内空气柱发生振动消耗能量。在博物馆展示空间内可采用石膏穿孔板、石棉水泥穿孔板以及金属穿孔板做面层，用于墙面和屋面装修，并将穿孔率控制在2%～5%内。空腔共振结构主要吸收低频声，同时仅在共振频率附近吸声效果较好，因而可在穿孔板后贴附多孔材料拓宽吸声频段。

（2）薄板共振结构。将厚度较薄的金属板、石膏板、胶合板等板材四周固定在龙骨上使背后形成密闭的空腔，构成薄板共振结构。该结构常用于墙面装修，通过在声波入射时薄板自身的振动吸收声能，吸声性能同样集中在低频段，在薄板背后涂抹阻尼材料可增强振动的耗能效果。

（三）设置隔声隔振构造减弱噪声干扰

除了电声系统与混响时间外，空间的噪声防治同样对博物馆展示空间的音质效果起着重要的作用。综合参考博物馆建筑与电影院建筑设计规范中对噪声控制的规定，以数字媒体技术为展示手段的博物馆展示空间的背景噪声应不高于NR30噪声评价曲线，或以A声级为计权方式时不高于35 dB。高于此标准的噪声侵入会与展示空间内电声信息产生混淆，破坏情境效果，同时令参观者产生烦躁的心理情绪，分散其注意力，减弱人们的沉浸感。

博物馆展示空间的噪声来源主要为空间外参观者的活动噪声与设备工作噪声，根据通过围护结构传入展示空间的方式不同，噪声可分为空气声与固体声两种。因此，在展示空间内可从空气声与固体声隔绝两方面入手，采用一些隔声、隔振性能强的构造措施降低传入空间的噪声声压级，从而形成低干扰的声学环境，保证参观者的听觉体验。

1. 隔绝空气声

在博物馆展厅外的公共空间中，参观者在高声交谈时形成的噪声即为空气声。此类噪声很难从源头进行处理，一般在其经空气传播的路径中进行隔绝。展示空间四周的隔墙是空气声传入时主要经过的围护结构，因此，对展示空间的墙体进行构造处理，增强墙体的隔声性能，是博物馆展示空间将外部嘈杂环境隔离开、减弱空气声干扰的主要方式。具体有以下两种方式。

（1）增加墙体厚度。根据墙体隔绝空气声的质量定律可知，墙体的隔声量与其单位面积质量成正比，每增大一倍单位面积质量，空气声隔声量增加6 dB。同时在墙体材料不变的情况下，单位面积质量与厚度有关。由此，在一定条件下，可以适当增加隔墙厚度，以获得隔声量的增加。

（2）打造双层隔墙。一些博物馆由于主体结构条件的限制，无法通过增加厚度的方式增强隔声效果。在此情况下可将单层墙分为2层，中间留有空腔，形成双层墙，通过空腔中空气的弹性形变作用来提高隔声量，随空气层厚度的增加，最高可带来12 dB的附加隔声量。因此，双层隔墙的做法可在降低墙体重量的同时保持较高的隔声量。此外，要减少双层墙板间的刚性连接并注意交接处的密封处理，以避免"声桥"的产生。

2. 隔绝固体声

参观者在参观体验时的运动行为或设备工作时发生的振动使楼板受到撞击而引起并通过结构传播的噪声即为固体声，又称撞击声。

对于固体声的隔绝主要有三种方式：首先，可减弱振动源头对楼板的撞击；其次，可断绝振动于楼板层结构内的传递；最后，可以隔绝楼板振动向展示空间内传递空气声。

（1）铺设弹性面层。在博物馆展示空间内，可将地毯、橡胶垫以及软木砖等具有良好弹性的材料铺设于楼板的上表面，在振动源与楼板之间形成一个隔振垫，从而减弱参观者活动或设备工作时对楼板的撞击力。

（2）设置浮筑楼板。在既有楼板上先铺设一层起弹性减振作用的垫层，然后再铺设一层楼面板，即形成浮筑楼板。其弹性减振垫层常以玻璃棉为主要材料。设置浮筑楼板可缓解振动在楼板中的传播，进而隔绝固体声。

（3）弹性隔声吊顶。针对第三种隔绝方式，在展示空间中可用密度较大的面板做吊顶板，其上铺设吸声材料，并通过弹性构件吊装于楼板上形成弹性隔声吊顶，以此阻隔振动在楼板内传播完成后向展示空间内辐射的空气声。在设计弹性隔声吊顶时，应注意吊装构件的弹性要适中，既避免成为刚性连接削弱隔声效果，又避免过软影响吊顶的平整美观性。

四、建立数字化空间导引

博物馆展示空间由于承载信息的庞杂以及流线系统的复杂，参观者在空间中如果没有得到良好的参观指引，其对空间以及展示内容的认知将受到很大影响。因此，为了能够清晰、快速地使参观者确定正确的行为方向，构建完善的空间导引也成为博物馆展示空间环境设计的重要方面。对于博物馆展示空间而言，空间导引系统不仅仅可高效地帮助参观者顺利通行，更能系统性地协调空间，强化参观者的浏览体验。凯文林奇曾在《城市意象》中将空间导引标志描述成"具有实质性、外在性的物体，作为辨别线索存在，甚至可作为空间结构的暗示"。在传统博物馆的展示空间环境中，一般是利用实体图文标牌或是空间特殊的形态特征实现空间方向的引导，然而在当代这种方式显然无法很好地吸引参观者的注意力，导致指引效果不理想。问卷调研中有 52.17% 的受访者曾因无法获取空间的导引标志而遇到过迷失方向的情况。在数字媒体技术的介入下，人们希望能够利用数字媒介形成与媒介化的空间环境相协调，更能刺激参观者心理感知进而影响行为活动的导视系统，因此本部分将重点讨论如何利用不同的技术方式建立起数字化的空间导引系统。

（一）映射虚拟图像强化视觉引导

博物馆展示空间的视觉引导主要由空间引导和信息引导组成。空间引导指建筑利用空间自身的形式特征对人们直接地加以指引；信息引导指除建筑本身外，利用某些具有指引性的构建元素或符号辅助空间的引导。强化空间本身的导向性固然十分重要，但在数字媒体时代，空间实体逐渐被媒体信息形成的环境所覆盖，人们对于实体的感知有所减弱，其自身的方向性逐渐变得模糊。而数字媒体技术生成的虚拟信息由于其强烈突出的视觉效果，在空间环境中更容易被公众察觉，因此，设计师可以凭借数字信息在视觉上的优势，运用数字媒体技术，以各种编译手法形成具有指引性的虚拟图像，并映射于界面上，丰富空间层次，构建起全新非物质化的信息引导系统，进而强化空间的视觉引导。

1. 线性阵列暗示空间方向

根据格式塔心理学对人对图像认知反应的研究，人一般以相似性以及连续性的原则观察事物，即在视觉感知过程中，人们往往倾向于将相似或具有共同运动方向的物体看作一个连续的整体，并在视觉上形成一定的方向性。因而在空间中可以将相同或相似的数字元素沿行进方向构成线性阵列，并通过技术手段呈现在空间界面上，形成整体连续的图像效果，强化空间在该方向上的空间韵律与引导暗示。以位于马德里的西班牙电信基金会为例。池田良治利用 LED 元件打造的媒介化界面围合出名为 data path 的展示空间，并在影像界面上利用简洁的线条与矩形元素沿纵深方向不断重复创作出极具动感的数字图像。池田良治通过简洁表现手法的运用，在隐喻电子数据快速流动的同时，也强调了空间的线性秩序。同样，在张之洞与武汉博物馆中，设计师利用投影技术将概括性的、与张之洞有关的事件的文字、图像以阵列的方式投射在空间界面上，使空间具备了信息可读性，既在文化上契合了博物馆的展示主题，又在视觉上起到暗示空间方向性的作用。

2. 具象投影明示空间方向

由于公众在理解力上的个体差异，其对于抽象数字元素在空间中所形成的隐性引导的感知效果不尽相同，导致导向效果参差不齐。而具象形态图像的语义更为具体，同时具有一定的亲和力和趣味性，人们可以通过基本的生活经验很容易地识别与理解。因此，设计师可以将具象化的数字图像融入空间之中，以直观形象的方式打造博物馆展示空间的方向标志，为参观者带来更加明确的空间引导。

体现导向性的具象图形有多种表现形式，一种是具有运动趋势的数字形象，如在阿姆斯特丹Ajax体验博物馆空间中，设计师利用影像技术在电子显示屏界面上展现出一系列模拟人步行状态的数字剪影图像，强化了对空间路线的引导；2014年威尼斯双年展莫斯科馆顶界面所映射出的实景影像则为另外一种表现形式，它利用数字化的莫斯科街景，在呼应主题的同时，形成对参观者行进方向的指引。此外，设计师还可以采用虚拟的图文标志形式，如在法兰西国家电影博物馆空间中，吕迪·鲍尔采用立面投影的方式将图文信息数字化地呈现在空间中，为参观者提供各种活动信息并引导参观者前往各个展示空间。

（二）结合交互技术实现交互引导

诺伯特·维纳曾在《控制论》中提出："得到信息反馈是保证操作过程完整性的必不可少的一环，它能够使操作者明确其行为目标有无实现。"其将信息答复作为"控制论"最重要的理论基础。反馈效应通过掌握事件的结果以增强或减弱行为意愿，以此对行为进行二次调节。反映到建筑领域，即在人们行走的过程中，及时的信息反馈能帮助参观者判断目前行为正确与否，是其在空间中顺利寻路的基础。

以往传统的空间导引形式与参观者之间是单向传播的关系，参观者只能被动地接收，令参观者产生了枯燥的感受，并且引导信息只能以固定的形态呈现在空间环境中，无法对参观者的行为进行回应，并引导其下一步的活动，导致导引有效性降低。数字媒体技术最大的优势就在于其交互性的特点，因此，设计师在空间导引设计中可以通过人机交互技术的运用，不断捕捉参观者的行为信息并进行数据分析，进而生成随人动态行为不断改变的引导信息，形成具备行为反馈性能的空间导引系统，实现参观者对导引信息形态的主动控制与路线的自主选择，并提升导视系统的趣味性，改善参观者行进过程中的心理感受。交互式空间导引的一种表现方式为借助技术与空间进行互动。将交互装置融合于空间界面等结构中，当参观者经过感应区域时，传感器将采集的肢体行为信息反馈给交互装置，控制空间界面所呈现的数字信息图像发生相应的变化，参观者根据界面信息变化所形成的路线暗示及时调整运动轨迹，整个与空间界面互动的过程不断循环，从而形成实时动态的空间引导。

例如，在淮安市的中国漕运博物馆空间中，当人们在展厅中走动时，装置感应到人的运动行为，在地面上投射出运河的数字影像，数字"运河"随着参观者的前进不断流动、分流并实时显示区域的展示内容，参观者通过与地面影像信息的互动能够自主地选择浏览路线，并在动态影像的引导下自然地进入所要前往的空间。同样，在大奥蒙德街儿童医院的走廊中，设计师将LED与传感装置嵌入墙面中，打造出一个"通往自然景观的路径"，当感应到儿童经过时，墙面上就会生成一个虚拟的动物形态，并随着儿童的运动不断向手术室的方向奔跑，既对儿童在空间中的通行起到了引导作用，又缓解了其紧张畏惧的情绪。

除了将技术与空间界面融合外，空间交互导引系统还可以以艺术装置的形式独立安置于空间中，在为参观者提供空间引导的同时兼具艺术展示的功能。例如，荷兰的罗斯加德工作室（Studio Roosegaarde）在阿姆斯特丹市立博物馆的展示空间中设置了名为"沙丘"的艺术互动装置，装置由许多纤维条构成，其端部设置了传感器与LED元件。无人经过时，其处于休眠状态，当参观者走过并靠近装置时，其附近区域的纤维条受到感应进而发出明亮的光线，并随环境声音的大小产生相应的闪烁。整个装置的灯光效果随人们的行走而不断移动，使参观者身处其中时能切身地感受到装置对行进路线的引导，在体现了设计师艺术思想的同时起到了空间导向的作用。

（三）植入信息网络搭建线上引导

在当代先进技术的支撑下，建筑师不仅可以运用高科技在真实空间环境中形成空间导引，也可以在虚拟空间中搭建数字化引导系统。以往博物馆的导览设有可以进行语音讲解与引导的电子设备，然而这类设备大多仅仅是在特定位置输入其位置号码才能起到导览效果，并不具有实时引导以及可视化的功能。随着信息时代的发展以及移动终端的大量普及，人们利用数字媒体技术对实体博物馆的空间信息进行数字化转译，可以形成具有完整三维空间环境的博物馆数字地图。与此同时，建筑师通过将网络技术、定位技术、识别技术等信息技术植入展示空间中，可以构建出博物馆空间的信息网络定位系统，与手机、平板电脑等个人移动终端设备形成实时的信息互联，使处于博物馆空间内的参观者可以通过移动设备随时在数字地图中获取个人位置信息，并在虚拟空间场景中自由漫游以了解真实的空间环境，从而建立起个人线上空间导引系统，实现对参观者观展路线的引导。

利用空间信息网络系统形成线上导引的关键在于确定参观者在空间中的实时位置，因此 IPS 室内定位系统成为整个系统的核心。IPS 系统主要由无线通信、基站定位、惯导定位等多种技术的集成体系所构成。以往 IPS 主要通过蓝牙技术与红外技术实现室内定位，然而这两项技术在复杂空间环境中信号稳定性差，因此定位效果不理想。随着 Wi-Fi 在博物馆建筑空间中覆盖率的不断提升，这项一开始作为支持无线网络服务的技术由于速度快、精度高以及稳定性强的特点，已逐渐成为室内定位系统中使用范围最广的方式。个人移动终端的导航系统通过对博物馆空间内多方向 Wi-Fi 信号的追踪，并根据信号强度进行测算，判断出参观者在空间中的相对位置，从而实现自身位置的实时定位与导航。

例如，中国台北故宫博物院就利用 Wi-Fi 技术在馆内构建出全面覆盖的空间局域网络系统，形成了空间的"神经网络系统"。参观者在馆内进行参观时，只需要打开手机中的谷歌地图应用软件即可自动捕捉到博物馆内的 Wi-Fi 信号，进入室内地图模式。参观者可以在数字地图中查看自己当前所处的平面位置以及三维模拟环境，同时可以浏览其余空间的场景信息，进而规划接下来的游览路径。

此外，苏州博物馆同样也利用 Wi-Fi 技术构建起博物馆的网络定位系统。在参观过程中，参观者只要下载"苏州博物馆"应用并打开其中的导览板块，就能获取当前定位并查阅展厅与休息服务空间的位置与前往路线。

第四章　虚拟现实技术在博物馆展示空间设计中的应用

第四章 虚拟现实技术在博物馆展示空间设计中的应用

第一节 博物馆应用虚拟现实技术的必要性

一、信息过载下的注意力稀缺

互联网时代，信息传播的方式越来越多样，信息的数量越来越庞大，资讯极其庞杂，学者们发现了这一现象，并提出"内爆"理论。"内爆"理论由马歇尔·麦克卢汉于1964年在《理解媒介：论人的延伸》中提出，他认为时间差异和空间差异已不复存在，人类感官延伸的最后一个阶段是从技术上模拟意识的阶段，人体的感觉器官和神经系统能够凭借各种媒介得以延伸。人越来越认同虚拟，对媒介模拟出来的信息愈发认同。哲学家让·鲍德里亚也提出了"内爆"理论，他认为现在真实与虚拟的界限越发模糊，信息流通导致媒介产生的信息在传递过程中被消解和解构了意义，信息被重新拼贴和再造，信息的意义被二次阐释，本质上瓦解了真实，只剩下虚构。在这些传统理论的基础上，我们可以明显认识到，信息过载、信息传播效率低下是当下人类面临的一种异化的新情况。注意力成为一种特殊的稀缺资源，因为注意力的本质即时间，而时间就是一种稀缺资源。注意力的维度包含了两个方面，一个是注意力的集中度，另一个是注意力的时长。注意力越集中，沉浸感则越强，人越会感受到时间的扭曲。如今，太多的媒介手段想要吸引人的注意力，人们长时间处于泛注意力的状态下，而缺乏深度的思考。媒介的不断更新使人们的时间越来越碎片化，人们越来越难沉浸在单一的事件上，被外界一切信息包裹的同时，丧失了思考的能力，成为触角极度广泛而思维极度单一的人。

虚拟现实具有注意力的排他性，因为在虚拟现实的环境中，人只能关注当下，无法分出注意力到其他事物上，而这种性质使虚拟现实能够大大地提升人的注意力，占据人类有限注意力的一定时间。虚拟现实的本质是在总时间不变的情况下提高人类注意力的专注度。在注意力稀缺的时代，我们可以通过虚拟现实把碎片化的注意力重新整理，并提供最佳休现。

传统的展项周围总有大量干扰因素，或是周遭环境的噪音，或是其他展项的视听觉干扰，因此参观者无法保持注意力的集中。加之前文所述，各类电子设备争抢人的注意力，现代人已经很难保持长时间的专注。虽然各类设计都以使用户进入心流状态为目标，可是现代人注意力极易分散的这一特性，导致大众很难进入沉浸状态。大家热衷于各个领域的热门信息，却很难真正对这些信息进行深入思考并转存于记忆中，形成自己的认知。虚拟现实隔绝人的五感对外界刺激的接收，可以有效提高人的专注程度，使人们更关注当下所要接收的信息，并能在展示内容的本体基础上产生联想和建立认知体系。

二、展示设计创新需求

我国公众对于科普教育的需求是巨大的，但因各种局限，我国的博物馆面临着重重问题，如缺乏吸引力、展示内容乏善可陈或是枯燥无味、展示形式缺乏创新等，造成博物馆门可罗雀的局面。公众虽然有着汲取科学知识、锻炼科学思维的强烈愿望，却不能得到实现。虚拟现实技术凭借其独特的优势可以有效弥补传统科普展示的不足，避免传统展示设计中的一些典型问题。在博物馆中应用虚拟现实技术丰富展示信息，其好处是显而易见的，沉浸、互动体验的展示模式在激发受众兴趣，建立展品与受众间的情感交流，提高受众的信息接收水平，提升博物馆展示设计水平、科技含量、宣传效果等诸多方面都有较大作用。博物馆作为一种传播教育的媒介，能够传播科学精神、科学思想、科学方法、科学价值观等科学文化内涵。传统静态陈列的灌输式科普教育通常只是展示科学原理，如化学反应原理等，让参观者反感。因此，我们应倡导将体验式学习和探究式学习作为博物馆展示未来发展的主要方向，寻找博物馆和虚拟现实技术传播特长的契合点，更好地发挥博物馆的科普教育职能。

传统博物馆受制于展示媒介，展项的周遭环境和其他信息降低了参观者的信息接收效率。从前文对于虚拟现实的分析可以看出，虚拟现实展示中信息的无限性、显示媒介的无边界性、充满想象力的丰富表现形式、注意力的排他性，都使展示信息的传递效率得到了明显提高。

在国内外的科普教育活动中有许多虚拟现实技术成功应用的例子，无不证明了虚拟现实技术对参观者的吸引力和教育性是具有颠覆意味的，也代表着博物馆今后的发展方向。例如，广州幻梦信息科技有限公司使虚拟现实技术在未来科学城、公安主题科教馆等大型科技馆中得以充分利用，增加了信息传递量，提高了展示的综合性。中国台北大学对博物馆中的参观者体验进行了调研，让参观者在体验博物馆中的VR海底世界后完成问卷。问卷结果显示，虚拟现实科普展示这种方式能够加深参观者的记忆，提升参观者的参观体验，激发参观者的学习兴趣和学习创造力，对参观者的学习和改善技能也有积极影响。并且，参观者在体验后有很大倾向将此项目推荐给家人、朋友。由此可见，虚拟现实科普展示项目不仅能有效提升参观者的认知效益、激发参观者的学习乐趣，并且能起到良好的宣传效果，为博物馆带来更多参观者。

2010年上海世博会的震旦馆将数十件震旦博物馆珍藏的玉器通过360°全息成像技术展出，参观者可以在任意角度清晰地看到展品的诸多细节。河北省唐山博物馆也利用该技术布展，在"唐山古代文明陈列"中，参观者可以看到虚拟旋转的史前人类头骨和牙齿，以及头骨缺损处的情况。

相比于幻影成像，360°全息成像技术更适合单件（套）藏品的呈现，如应用于瓷器、佛造像等多面立体的文物藏品展示，不仅可以展示器物的各个侧面，还能够放大呈现底部、肩部的款识和工艺。古建筑的斗拱结构也适合利用此技术进行展示，可先分别制作斗拱构件的三维模型，再将组装搭建过程拍摄为动画影像，并投影在展柜中，使斗拱的构造及其蕴含的力学原理一目了然。此外，360°全息成像技术还可用于古代服饰的展示，尤其是一些材料珍贵、对保存环境要求苛刻、不宜长时间展出的丝织衣物。过去，博物馆通常把古代服饰平铺或挂在展柜中，参观者只能看到服饰的正面，很难想象穿上后的效果。倘若博物馆将其制成三维全息影像，便可以进行全方位的展示，凸显其剪裁的立体感，甚至可以对服饰穿戴的步骤进行演示。

虚拟现实技术的进一步发展和成熟，必将带来展示设计的新一轮创新。因此，将虚拟现实技术应用于博物馆，不仅能促进博物馆科技含量的大幅度提高，而且能使博物馆的展示设计思路得到极大的丰富和拓宽。

第二节　博物馆中虚拟现实展示项目的设计要素

近年来，学界逐渐出现了"以参观者为中心"的研究探讨。随着博物馆的公众化、综合化特征愈加明显，博物馆的科普教育职能愈加突出，博物馆中参观者和展品之间的不平等地位逐渐被打破，"以参观者为中心"的设计理念逐渐扩散开来，开始强调对人的关怀，注重参观者的感受。贝洛克在《具身认知：身体如何影响思维和行为》一书中指出，认知、身体、环境三者组成了一个动态的统一体，三者交互来感知事物、形成概念、解决问题。

结合贝洛克的认知、身体、环境要素理论，笔者认为博物馆的虚拟现实展示项目设计要素为参观者、环境、技术。参观者作为核心要素包含了认知、身体等因素。在本节，笔者将针对这些设计要素具体展开讨论。

一、虚拟现实展示的传播教育目标需求

（一）博物馆的传播教育目标

在国际科学教育改革的浪潮中，针对科学教育逐渐形成了知识与技能，过程与方法，情感、态度、价值观的三层次科学教学目标，博物馆的普及性科学传播与科学教育目标也适用于这三个层次。文物和博物馆学系权威教授严建强和陆建松提出了展览评价标准的三个层次，即好看；看得懂；受到感悟和启发，获得新知识和新理解。

展览展示只有好看了才能激起参观者的兴趣，留得住参观者的脚步，这是发生信息传递的基本前提；参观者只有看得懂才能达到科普教育传播的目的，信息才能有效传递；而参观者的感悟和启发是参观者在理解了展品的基础上收获的新知识，强调情感的收益。通过对照可以发现，三层次展览评价标准中的二、三层次与三层次科学教学目标具有对应关系。"好看"层次标准，则是博物馆教育与学校教育的最大区别和特点。笔者认为，博物馆的传播教育目标是吸引参观者参观，参观者在参观过后能够获得知识的增长，并结合自身经历，构建更高水平的知识框架，其最终目标是提升公众的科学文化素养，使其摆脱迷信，提高审美情趣。

科普场馆学习（museum learning）理论认为，科普场馆是学校之外的第二教育系统，相对于课堂授课，科普场馆的学习资源丰富、环境轻松、时间灵活、学习方式随意，可以营造出自然逼真的环境氛围，通过多样化的展示手段，给参观者提供轻松自由的非结构化学习方式。

目前，自然类博物馆、科技馆、工业技术馆等科普场馆中的代表性展品的内涵信息，与上述科学教学目标和三层次展览评价标准之间也存在着对应关系。因此可以说，不管是以什么形式进行表达，传播教育的目标都是一致的。严建强教授在科技馆理论研讨会第五次会议上提出，博物馆在实现公共化、社会化的文化进程后，还需向媒介化转变。

博物馆展示，究其本质，是一种信息传递过程，是一种人—物—人的教育过程。信息的呈现方式、传递方法和接收效率是至关重要的问题。但博物馆展示不只是单向的信息传递，因为其展示的信息不是显性的，博物馆还须

加入对展示内容解读和阐释的过程，让参观者明白。严建强提出了博物馆的信息通信模型：信息通道1为科研过程，是科研工作者探明内涵、原理的过程；信息通道2是科普过程，是将科研结果向参观者表达的过程，他认为博物馆是参观者与历史及环境的对话，是沟通的媒介。只有重塑信息通道，将专业信息通俗化再面向参观者，才能提高博物馆信息传播的效率。而展品媒介化的程度取决于对信息通道1解释解读的深度和信息通道2重新塑造的能力，这涉及如认知心理学、交互设计、视觉传达等多学科知识。博物馆依托固定的空间形态，以空间的视觉传达为主要特征，参观者在站立和行走的交替运动中观察和阅读，获取信息。参观者的参观对象多为实物模型，实物模型的信息通常都是隐性的，不像书籍中蕴含的信息是显性的、符号化的，参观者无法自行进行解读。博物馆展示要对这些隐性信息进行相关阐释，帮助参观者理解。在这个过程中，空间、参观者和传播技术不是孤立的个体，三者是相互联系的整体，只有对这三个方面都进行充分的研究才能达到理想的传播教育目的。

（二）虚拟现实展示项目需求

严建强教授在《博物馆媒介化：目标、途径与方法》中提出了一系列博物馆媒介化的实现途径和方法，概括来说主要有三个方面：一是观察与可视化，如组合化、情态化、语境化、微观与宏观世界的可观察性、抽象事物的具体化、自然现象的模拟等；二是参与，如体验式参与、沉浸式体验、仪式性体验、实际操作和模拟操作等；三是符号化，如语言文字。因为时代的变化和展览展示的空间形态，符号化展示的问题逐渐凸显，博物馆展示传播从符号化向视觉化转化，从理性向感性转变，因为参观者的主要观察对象是某个物体或某种现象，而不是对语言符号的阅读或听讲。*The Multisensory Museum: Cross-Disciplinary Perspectives on Touch, Sound, Smell, Memory, and Space*（《多感知博物馆：触觉、听觉、嗅觉、记忆和空间的多方面交叉探讨》）从体验角度讨论了博物馆的传播空间，强调了博物馆多感知交叉运用的必要性。不列颠博物馆在2004年提出了通用的学习评估模型，包括知识与理解，态度与价值观，愉悦感，激励性和创造力，技能，行为动作。

虚拟现实展示项目可以实现以上论述的几个方面的综合，赋予展品以情境，鼓励参观者参与体验，从而获得情感共鸣。再反观博物馆的信息通信过程模型，虚拟现实技术不仅颠覆了传统信息通道的构建方式，还能够给予受众即时有效的反馈，所以对虚拟现实展示设计进行研究和分析能够有效促进博物馆的媒介化转型。

　　根据调研不难发现，许多博物馆在应用虚拟现实技术时处于犹豫观望的状态，他们不知道什么样的虚拟现实展项才能收获良好的科普效果，并让参观者乐于参观。其实，核心问题在于开发机构不了解现代博物馆最需要的是什么样的虚拟现实展示产品。目前在博物馆中应用的虚拟现实展项与以往的新媒体展项没有根本区别，与商场的VR体验馆中的产品类似，缺乏故事性、趣味性的创意，也没有以学习为主要传播目的，大多为说教式传播，为了技术而展示，停留于"好看"层面，在过程与方法、情感与价值观层面未能体现出优势。博物馆在展示项目中倡导体验式学习和探究式学习，应充分运用虚拟现实的沉浸感、交互性特征，通过多感官体验引导参观者进入"看到什么、想到什么、发现什么"的探究过程。

二、以参观者为中心——参观者要素

　　博物馆应该确立以"参观者为中心"的理念。如今，国内有很多博物馆仍然沿袭苏联模式，保留以物为中心的传统展示设计理念，强调展品研究的核心地位。严建强教授早就提出了"以人为中心"的博物馆学理念，他在2017年更是呼吁要以"以参观者为中心"；浙江大学召开了博物馆认知与传播国际学术研讨会，从参观者的认知特点出发，进一步讨论博物馆传播的策略、方法与途径；周丽英在《试论博物馆传播与参观者认知关系的实质及其发展》中提出，博物馆与参观者的关系正经历从"主体—客体"到"主体—主体"的转变，这是未来发展的趋势，当前提出的参与式展示理念就是很好的佐证。显而易见，由于虚拟现实技术的特征，虚拟现实展项本身就具有参与性和体验性特征。因此，虚拟现实展项一般是围绕"以人为中心"设计的，这也符合现代博物馆的设计理念。

　　国内对博物馆的参观者研究最早可追溯到20世纪80年代，但是大多数研究局限于参观者实地参观后的满意度调查问卷，鲜少涉及展示过程中参观者的心理、行为及情感特征，业界也没有建立起被普遍认可的参观者评价体系。美国RAA（Ralph Appelbaum Associates）公司指出，中国参观者与外国参观者的差别很大，大多是走马观花式的参观，不会深究展品背后的意义，也不会计较参观后的收获。国内在设计展览时很少观察参观者的观展特点，常常按照既有经验进行相关设计，在没有进行深入而精确的调查研究的背景下就策划出一个展览。许多国家在展示设计上已经有较为成功的应用参观者研究的方法，如英国在选择展览展示主题前需要进行严格的市场调查，美国则会对目标参观者进行前置研究，并创立了参观者研究协会、参观者研究和评估委员会等专门研究参观者的部门。然而，国内关于参观者特征的研究还不成熟，也没有建立起一套参观者认知、行为习惯和心理需求的模型。

（一）参观者的认知要素

1. 参观者分类

依据不同的标准，博物馆的参观者可分为不同的群体，如简单地按年龄段分类、按地域分类、按教育状况分类等。按年龄段可以分成少儿、青年和老年参观者。少儿参观者精力充沛，对色彩、光、运动、互动类展项兴趣浓厚，但缺乏对抽象事物的理解；青年参观者学习意识强；老年参观者更容易感到疲劳，注意力的集中度和持续时间都相对较差。按地域可以分为本地参观者、外地参观者和外国参观者，来自不同地域的人有着不同的文化背景，参观的目的、兴趣和动机都不同，本地参观者更关注临展，而外地和外国参观者则显然会对当地的历史、文化特色更加感兴趣。按教育状况可以分为普通游览参观者、学习型参观者和专家参观者。普通游览参观者满足于一般性浏览，无明确动机，容易被陈列把握力控制，受娱乐和趣味因素影响大；学习型参观者重视展示的传播内容，强调陈列的系统性；而专家参观者则往往带有具体目的，集中于有关项目，不容易受陈列把握力控制，重点是对日常研究对象深度的弥补。

荷兰莱登民族学博物馆馆长将参观者对陈列表达的内容和方式的兴趣作为依据，把参观者的动机分为三类：以审美为动机、以浪漫主义和躲避现实为动机、以学习和求知为动机。以审美为动机的参观者渴望体验美，希望看到精美的展示，不追求展品的数量而追求展品的质量，看中展品的艺术价值；以浪漫主义和躲避现实为动机的参观者渴望暂时离开现实世界，展品陈列应形成一个自然、独立的环境空间；以学习和求知为动机的参观者更渴望纲要式的陈列，以文字引导掌握知识。英国罗杰·迈尔斯在理论上将参观者分为实际参观者、潜在参观者和目标参观者。目标参观者是博物馆假设确定的主要服务对象，明确可以帮助博物馆确定教育目的和判断教育效果是否具有实际价值。通过潜在参观者和实际参观者之间的差距范围，可以得知传播教育的广泛性；通过实际参观者和目标参观者之间的差距范围，可以验证教育对象与展示内容的匹配性。

每一种参观者类型都会有相对一致的倾向，但某一个具体的参观者可能是几种类型参观者的综合，在参观者类型的基础上进行分析和综合，可以更深入地把握参观者的特点和需求。

2. 参观者认知过程

博物馆中参观者的认知和学习过程与通过纸媒、声媒、影像媒介等传统媒介认知和学习有很大不同，与虚拟现实媒介则有较多类似。在博物馆中的认知与学习过程与通过传统媒介认知和学习的区别在于，空间不只是学习的容器，学习过程需要特定空间，但没有特定的时间维度，展示设计者对受众的行为和注意力的控制力低。而其与虚拟现实媒介类似，展示的都是三维形象，受众的自主观察性具有不确定性，受众在学习过程中需要身体的协调，易产生生理疲劳感。

博物馆和虚拟现实媒介都像一个容器，可以装下其他的媒体，并且在其中进行多元的叙述和阐释，同时刺激参观者的多个感官，传播效益较高。对博物馆和虚拟现实科普展示中参观者的学习行为进行描述，发现可以将之归结于一种描述当中，即"在一个特定的空间里，参观者在行走与站立两种动作中切换，与呈现在空间中的各种展物进行双向交流"。针对这种不同的学习过程，设计者必须从参观者的认知、感官体验、行为习惯和情感诉求等几个方面进行具体的分析，采取适当的方法与策略。

在博物馆中或在虚拟现实营造的空间中，参观者的学习认知过程符合具身认知理论。具身认知理论认为，身体行为和思考之间的联系远比过去认为的更加紧密，大脑和身体彼此交流并且互相影响。人们更倾向于通过动作与其他环境中的人和物互动来学习，如婴儿学习语言就是在高度互动的环境下进行的。

人类的很多认知和情感过程都来源于镜像神经元，人在身体作出一个动作和看到别人作出同样动作抑或是阅读到相关字眼时，被激活的大脑皮质区域是相同的，这也是人们进行学习和感同身受的前提。

心理学家 M.威尔逊（M.Wilson）认为，认知根植于环境，认知是身体在实时压力下与环境的互动，环境可以减轻认知负担，环境也是认知系统的组成部分，大脑的认知是为了身体的行动。

在具身认知理论框架下进行深入分析，我们可以发现，人们的认知过程中最重要的三要素即身体、环境与互动，在"以参观者为中心"的博物馆和虚拟现实展示设计中，这三点构成了基本元素。

而虚拟现实空间带来的空间感受在辅助人们认知的过程中也有极大的积

极意义。三维空间在多个方面支持人的认知能力，人们可以借助三维空间提高记忆和思考的效率。人在物理空间中将信息有序组织，形成富于内涵的架构，就像贴在墙上的卡片贴，当人凑近时关注卡片上的内容，而当人们与墙面产生一定距离时，看到的是卡片墙的整体结构。通过三维空间线索，人们可以轻易地分辨出物体之间的区别，并且不需要调用很多工作记忆就可以理解物体所包含的信息。在二维平面，因为缺少空间信息，光是记住信息的位置就需要耗费额外的工作记忆，如人们在运用计算机工作时会保持多个任务活动状态，在需要调用时在多个活动任务之间进行选择。已有实验证明，人们在越大的屏幕前工作，其生产效率越高。

而虚拟现实空间提供了无限的展示空间供人们选择，人们可以进行多任务操作并且直观地进行比较，不需要凭借记忆进行任务之间的比较。

3. 参观者的注意力

注意力也是人认知过程中的重要因素，具有指向性和集中性特征。心理学上根据注意的目的性以及意志消耗的程度将注意分为有意注意和无意注意。虽然比之无意注意，在有意注意状态下，受众的自觉性更强，持续时间更长，但因神经处于紧张状态，也更易产生疲劳。在博物馆参观时，人长时间处于无意注意状态，只有在专注于展项时才采用有意注意，整个参观的过程应该是在无意注意和有意注意之间不断转化的。山东大学的张易婷调查研究常州博物馆发现，参观者的注意力容易被感官体验较多的新颖陈列类型吸引，互动展示体验项目的平均参与率超过30%，一部分参观者未参与是因等待时间过长。

总体上来看，互动性强的展项和感官体验丰富的展项，参观者参与度更高，参观者对于能够体验参与的项目比文字知识普及项目参与度高。

参观者在参观时大多处于一种漫无目的的信息猎取状态，首先要受到展项的外在吸引才能引起注意，属于无意注意，很难稳定持久。有意注意由参观者主体驱动，兴趣是最重要的影响因素。

虚拟现实展示抓住人的全部注意力，将参观者与外界环境隔绝开，能够最大化提高科普学习的效率。如果展示内容与参观者兴趣匹配，则不需要外在动力也能维持参观者的参与。参观者亲身参与到虚拟现实展项之中，注意转化为有意注意，同时因虚拟环境的封闭性，容易表现出全神贯注的状态，自我意识逐渐丧失，愉悦感油然而生。在这一阶段，参观者容易从简单体验发展成为最优体验，即心流状态，在这种情况下，参观者会进入忘我的状态，疲劳感也会消失，只是沉浸于当前事物中。

媒介发出的感觉信息越多，则涵盖的用户可感知范围越广泛，受众的注意分配将越可能持续。

虚拟现实环境因隔绝了外界信息对受众注意的影响，并且包含的感觉信息非常多，促进了参观者参观时心流体验的产生，而心流体验对于加强科普教育效果有着巨大的作用。现代的许多设计已经以产生心流体验为目标，充分利用虚拟现实展示注意力排他性的特点，以帮助内容得到更好的展示。

但是虚拟现实展示也有不得不考虑的对注意力的负面影响。因为虚拟现实技术仍不被大多数人所熟知，参观者也没有相关的操作经验，需要重新学习相关的交互动作。所以在虚拟现实科普展示项目的设计过程中，虚拟现实展示需要弱化设备的操作对参观者注意力的分散作用，增强系统的可用性和易用性。从目前来看，虚拟现实科普展示项目仍然受技术限制，笨重的穿戴设备、不自然的交互短时间内无法改变，那么保证展示信息的明确性，提升界面的友好性、引导性，提高虚拟环境内交互的自然性就是设计时要重点考虑的因素。

（二）参观者的感官体验

参观博物馆是一种多感官体验，虚拟现实展示也是一种多感官体验，它们之间有共性也有各自的特性，二者结合则能发挥最大效用。在其他的媒介中，单一、可重复的感官刺激带来的学习、认知效果有限，古时所说"眼到、口到、手到、心到"便是强调多感官性在认知过程中的重要性。并且，近年来，展示是否具有多感官性已经越来越成为展示能否吸引参观者参观的主要影响因素。而在设计虚拟现实展示项目时，设计师需要考量的要素包括方向、位置、色彩、照明、运动等新要素，和博物馆的空间设计一样需要进行整体考虑，使这些可感知的要素都参与到参观者的认知活动中，并对认知效益产生重要影响。

1.视觉感知

视觉是人类最重要的感官系统之一，人类获取的外界信息有84%来自视觉感官系统。人的视觉系统由折光机制、感觉机制、传导机制和中枢机制构成，是人体最重要的信息接收器。在博物馆中，视觉信息是最主要的信息来源，但呈现的内容受边界限制，信息无法跳出屏幕的边界，无法给人带来视觉冲击。事实上，博物馆的视觉效果震撼与否的重要性已经超越展品数量和质量，成为参观者决定是否参观的重要决定因素，而每个具体展项的外部视觉表现则直接决定了参观者是否会产生深入的参观行为。在虚拟现实环境中，信息展示的无边界性、空间的无限拓展、逼真动态的展示内容都会给参观者带来震撼的视觉冲击力，参观者所有的注意力会一下被视觉内容所吸引。

例如，2010年上海世博会中国馆中"智慧的长河"展项，高6.3m，长130余米，12台电影级投影机同时工作，将《清明上河图》放大30倍动态展示于屏幕之上，因其信息展示的屏幕与人体比例相差甚大，地板走廊又被投影成桥梁，参观者易产生沉浸感。

上海城市规划馆360°虚拟演示厅中的"上海神奇之旅"展项，通过9台投影机将上海的美丽景色映射于环幕上，参观者仿佛坐着飞船在上海的上空飞行，进行全景参观。影像中的视角倾斜时，参观者所在区域地面也会相应地倾斜，身临其境之感自然不言而喻。

湖南省博物馆经过5年的闭馆改造，在新馆的马王堆专题展项中应用了大量科技手段，1：1还原了汉墓1号墓坑，墓坑四壁的屏幕上动态地展示各藏品的象征性图案，赋予参观者新的观展体验。新馆开馆不到一个月就吸引了15万参观者。虽然现有技术还无法做到完全的逼真体验，有的虚拟现实展示仍然有着信息的边界性，但虚拟现实带来的立体视觉感知体验已超出现有的任何媒介，对参观者的吸引力也是前所未有的。

大型投影屏幕打造的空间感受已经足以震撼参观者的心灵，但投影屏幕营造的虚拟空间始终是有限的。而虚拟现实具有无限的空间延伸性，尤其是视觉上的延伸性，使参观者的探索空间无限延展，带来更多内容的展示的可能。

2. 听觉感知

人们多以视觉系统作为主要的感官系统，忽略了听觉的重要性。在现实空间中，人们感知到的是立体声音，能够依靠声音的相位差和强度差来判断方位，因为声音到达两只耳朵的时间不同，所以即使人们的头部发生运动也能判断声音的方位。但是当一个声音既没有产生时间差异，也没有产生强度差异时，人就必须转动头部改变耳朵的位置，从而重新判断声音的定位。

如果场景中配以合适的背景音效并在交互过程中配以恰当的音效，会加强体验者的身临其境感，如早期的VR游戏"Keep Talking"，游戏内容为玩家化身为拆弹专家，在拆弹过程中环境会营造出倒计时的紧张气氛，简单而不间断的"滴答"声在很大程度上提高了玩家的紧张感。

　　虚拟现实技术可以创造立体的三维音效，但与逼真自然相比还有一定差距，因为它不仅是一种立体声，还要考虑人的其他身体部位对声音的反射，以及在头部发生转动时，虚拟声音能否随着转动发生变化。工业界成熟的音效算法叫作头部相关传输函数（head-related transfer function，HRTF），采用仿真头部模型，在人耳鼓膜位置放置两个麦克风来录制声音，比较后重新对原音编码，但目前的数据集采样自由度稀疏，仍然有所欠缺。森海塞尔也提出了相关解决方案Ambeo，在Ambeo中融入了31个胶囊阵列麦克风的捕捉系统，以实现精准的定向捕捉，形成空间感音效。

　　3. 触觉和力觉

　　人体的手部触觉感知器非常灵敏，一些感受甚至比视觉感知到的更详细和细致，包括接触反馈和力反馈。接触反馈表现为手指在物体表面滑动，感受物体表面的纹理结构与粗糙程度；力反馈表现为手指的触摸感受到物体的形状、力和硬度等线索。视觉画面和触觉感受构成了参观的主要体验。触摸展品带来的真实质感，比视觉上更容易让人震撼，也更能吸引参观者。因为视听觉的信息都是客观的、被动的，尤其是听觉信息，参观者无法自主选择，但接触反馈和力反馈都是对参观者的主观意愿的一种反馈，也是参观者与环境互动从而形成空间意识的线索。

　　不难发现，参观者期望在观看展品时触摸展品的实在质感，这是一种普遍倾向。在大多数历史类博物馆，因文物的易损性质和珍贵价值，参观者与展品之间往往隔着厚厚的一层玻璃。但不少博物馆也鼓励参观者的触摸行为，如科技类博物馆注重充分利用触觉和力觉，上海科技馆的"妙趣智慧之光"展厅中几乎都是互动体验展项，在"怒发冲冠""辉光球群"这些趣味互动展项前，参观者更是络绎不绝。

　　在虚拟环境中，目前的触觉感知和力觉感知相比于实物展品稍有欠缺，还无法完全还原展品真实的质感，尤其是接触反馈因需通过手指的滑动才能感受，在VR中几乎无法模拟。未来，更先进的可穿戴设备如果能将模拟的触觉和力觉刺激准确地传达给受众，可能人们就有"触摸"到文物的机会。

　　4. 味觉和嗅觉感知

　　有研究表明嗅觉和味觉与记忆有着紧密的联系，特定的味道能够精准地唤起特定的记忆。与视听觉不同，由味觉和嗅觉的感官刺激形成的印象会直接进入大脑处理情绪信息的杏仁体，而不通过神经中枢机构。因此，一些味觉和嗅觉也许会引发强烈的情绪反应并导致记忆的形成。目前只有少数 4D 影院利用了嗅觉感知，如在体验飞越地平线的过程中，恰如其分地吹来拂面的清风、青草的香气，直接引起参观者的愉悦感受，促进沉浸体验。

5. 平衡觉与运动眩晕

人类主要使用视觉与听觉来建立方向感与平衡感，并借由内耳的感觉感应自身的位置与动作，其中内耳前庭负责身体的平衡，而半规管则与头部的运动有关。内耳前庭感知重力方向，并通过头部空间角度的信息，改变视觉内容及听觉内容。听觉空间感知与视觉空间感知进行匹配，形成一个听视觉整体的认知。两者的相互匹配构成虚拟体验的完整性。

然而，在虚拟现实的体验过程中，人们几乎难以避免运动眩晕的产生，从而引起头晕、恶心症状。对于具体的产生原因有几种不同的理论。一种说法是这种症状是由个人从身体上和心理上得到的信息矛盾产生的。虚拟现实空间可以给受众带来瞬移、飞行等逼真感觉，但其实受众的身体没有产生移动，当这种矛盾信息在大脑中持续一段时间时就会出现类似晕车的不适感。还有一种说法认为，当渲染效果、分辨率、延迟达不到人体需求或是设计不合理、视角变化过快时，也会产生眩晕的感觉。

（三）参观者的行为特征

1. 博物馆空间中的行为特征

在博物馆中参观时，参观者在站立和行走的交替运动中通过观察和阅读来获取知识，与日常习惯有较大差异。严建强教授在《博物馆参观者研究述略》中表明，大部分参观者在参观时表现出的行为特征具有相对一致的倾向性。

参观者在参观时不一定遵守设置的参观顺序参观，他们的参观行为会受到很多因素影响，如日常生活培养的习惯性经济原则，即参观者会按照最短路线参观。同时，因身体的位移距离较大，在博物馆中，参观者易产生疲劳现象，尤其是老年群体和女性群体参观时表现出的体力疲劳现象较为明显。

除了身体的位移运动，参观者的另一主要位移运动是眼球的位移。一些研究表明，人的视移运动在跳跃和静止两种状态间不断切换。在参观博物馆时，参观者会首先聚焦于展品上方某一点，然后向视区中心的左边移动。

人类视野的空间分辨率从中央向边缘锐减，这源于我们的生理构造：中央凹每平方毫米有约 158 000 个视锥细胞，而其余地方每平方毫米只有 9 000 个视锥细胞，边界视觉引导中央凹，即帮助大脑分析以什么顺序移动眼球，并且，边界视觉可以很好地察觉运动和明亮色调，所以博物馆展示空间设计一般是展品的中央部位保持明亮色调，而在视野边缘使用深色或中性色调，从而达到参观者的眼睛专注于展品本身的目的。而如果深色和浅色相近，视线就易从深色区域转向浅色区域。

麦克卢汉博士在研究时发现了博物馆中的参观者存在"资料定向"现象。"资料定向"现象是指参观者在参观时通常只是对展品的标签快速地扫视一番，参观者以为自己已经阅读并获得知识，便继续参观别处，其实信息没有得到真正传达。

在博物馆中观察调研不难发现，大多数参观者都只是简单瞥两眼展品标签，只有极少数参观者能够阅读完整的展品说明，参观者只是有意识地选择自己感兴趣的内容，因此大量的文字说明已然不适用参观者获取信息的需要。

展示设计应越来越回归展品本身，而不是主要依靠文字的辅助信息，应将参观者的注意力集中于展品本身。说教式内容设计体系的衰弱由此体现。虽然多媒体影像载体在信息表达的直观性上有极大优势，但依然不会取代文字，文字的作用没有被削弱，而是需要更加精练。帕尔森提出以提问的方式来表达叙述性文字的对策，引导参观者的注意力由无意注意向有意注意转变，使其有目的地寻找答案。例如，上海科技馆"智慧之光"展厅中的展品标签几乎都是此种提问式说明。

2.虚拟现实展示空间中的行为特征

虚拟现实展示空间与博物馆有着很多相同的媒介属性，在虚拟现实展示空间中参观者的行为倾向与真实世界类似，与参观者在博物馆中的行为倾向有很强的一致性。虚拟现实展示空间对大多数人来说是一个完全陌生的新环境，在新环境中，人的行为更多受到环境线索的引导和过去经验的影响。环境线索通常由设计者有意设立，它能通过布局、色彩、明度、简明文字等引导参观者的参观行为。

（四）参观者的情感倾向

人类具有情绪，这是人与机器的区别，也是产生体验的基础条件。在英文中,"情感"与"情绪"都是"emotion";而在中文中,情绪是指较短时间内的情感变化。情绪涉及有意识的体验及人对外界事物的认识和评价。

情绪心理学的评价理论(appraisal theory)认为,情绪本质上是一个评价过程,是个体对环境事件知觉后评价的后果,以情绪作为反馈,驱动下一步行为。最近的研究认为,大脑各处都有情感中枢,它们不仅有对人的行为进行奖赏或是抑制的功能,还与决策、行为以及其他外部信息的处理有着密切的联系。

情绪具有引导注意力、强化记忆、组织行为、适应环境等多种作用。在无意识状态下,博物馆的环境给参观者带来的情绪是多样的,积极的如平静、愉悦、兴奋等,消极的如紧张、厌烦、恐惧等。如果参观者在参观过程中产生消极情绪,会造成心理上的压力和障碍。严建强教授在《博物馆参观者研究述略》中提出,展示设计主要是为了唤起参观者的积极情绪,同时极力消除消极情绪带来的压力和障碍。

审美和猎奇是参观者在参观博物馆过程中的主要情绪,新鲜感和参与感是参观者持续参观的动力源泉,也可以在一定程度上缓解参观过程中带来的疲劳感。激发参观者的兴趣和自主意识能够激励参观者的自主参观行为,降低疲劳带来的影响,是提高参观者认知效果的有效手段。

在虚拟现实展项中,在强烈的感官刺激下,人会先基于认知比较本能地评价当前刺激,并与过去的经验快速比较,唤醒情绪,再在正面情绪的驱动下开始行为和交互,评价对象的有效性和控制性,最后加入理性的思考和其他的期望。在交互体验逐渐平息后,后续的回味和理性的反思便会发挥主导作用。在笔者参与实践的虚拟现实样板间中,体验者刚开始有很强的求知欲和猎奇倾向,因为HTC Vive仍然是比较新奇的事物,体验一开始,好奇心占据了主要地位。因为样板间只有大量的空间线索,而缺乏故事线索,对样板间没兴趣的体验者求知欲和猎奇心理很快就会消失。

因此,在参观者体验虚拟现实展项之前,求知和猎奇是参观者参观的主要情感倾向,因为虚拟现实对大多数参观者来说仍然有很强的新鲜感,在各个展会中设有VR体验的展台总是人满为患便可以说明这一点。但是因为如今的虚拟现实应用内容表现一般,缺乏创意,技术的局限性大,在体验的过程中,如果虚拟现实的内容没有引起参观者的强烈探索欲望,参观者很快就会产生无聊的情感倾向。

(五)参观者评价指标体系

设计过程都是复杂的、不完全确定的、创造性的推理过程，在这个过程中通常伴随着大量的评价和决策，就像用户体验评价指标体系，参观者的评价可以为虚拟现实展项的设计提供决策参考。随着科学技术的发展和设计对象的复杂化，展示设计也需要用户体验评价反馈来支撑展示方法和展示手段的调整和改善。单凭经验和直觉的评价反馈已经无法满足参观者对展览展示的要求，有必要采用系统的理论和方法使评价反馈更客观、更科学。

虚拟现实展示项目有别于传统展项，沉浸感、交互性和易用性是评价虚拟现实产品的重要维度，而趣味性和易理解性则是评价博物馆展示的重要维度。设计师应从用户体验通用模型和虚拟现实展示项目的特性入手，构建虚拟现实展示项目的用户体验评价维度和指标，细化虚拟现实展示项目的评价方法和标准。《人机交互：以用户为中心的设计和评估》一书指出，环境智能是信息社会的一个新视角，它强调更高的用户友好度，更有效的服务支持、用户授权和对人机交互的支持。它的用户体验要素包括自然交互、可及性、认知需求、情绪、健康、安全、隐私、社会因素、文化因素以及美观性。

博物馆的虚拟现实项目更多关注的是展示的内容，而虚拟现实硬件体验则受限于目前的技术瓶颈，如显示的清晰度、延迟、畸变、可穿戴性和材质等，这些技术维度标准大多已有学者给出保证体验舒适的数据，故设计师整理分析的虚拟现实展示项目评价体系可侧重于内容层面。

三、沉浸感——环境要素

人的情绪和行为在很大程度上都会受到环境的影响，在不同的环境和情境下，人的情绪和行为也会随之发生改变。动力系统理论指出，环境不只是认知过程的构成要素，促进认知和主体内部的计算发生，也反过来影响信息的摄取、交换、处理过程，全面改造认知主体的内在表征系统。在这一系统中，主体和环境直接持续地进行相互作用，一直处在一种强耦合关系中。实现展示环境与参观者认知的强耦合关系，对于增强参观者的沉浸感、审美感和愉悦感，提升博物馆展示的传播效应等都有巨大的帮助。

无论是在博物馆中还是在虚拟现实构建的虚拟体验环境中，都需要合理的空间安排，让参观者在其中能够自由地活动、自然地互动，维持参观者的沉浸感受。虚拟环境可以与现实世界完全不同，只要是人可以理解的空间与规则，就可以不断地扩展，具备无限拓展和随时多变的能力。虚拟现实展示的目的就是营造沉浸感，其环境影响因素分为内部虚拟环境和外部现实环境两种，包括形成逼真的临场感、形成自然的互动以及受到真实空间的制约。

（一）空间感与临场感

1. 建立空间感知

人的各类主观意识都是基于真实世界的，空间意识也是人的一种主观意识。空间感知使人能够建立物体之间的联系，以及了解如何在世界中位移，并基于空间认知获知最快位移的最短路线。当空间感知起作用时，人们能够在执行任务时释放更多长期记忆和工作记忆，因为记忆储存量是有限的，其余信息存储容量就可以装下更重要的信息，而不是物体的空间位置辅助信息。

在真实世界中，人们已经建立了一个空间意识，虚拟体验是对一部分或全部的空间体验进行虚拟或者代替。在虚拟环境中构建出的空间感知，与现实中形成的空间感知稍有差别。受众会先形成一个关于自我位置、姿态和存在体量的主观意识，再通过五感、力觉等直观感受进行校正，最终形成合理的自我意识，并以这个意识为中心，建立空间感知。

在注意力的基础上，参观者会建立自己的空间情境模型（spatial situation model，SSM）。空间情境模型是基于空间线索和个人经验与认知的空间环境心理模型，由于个体的差异，不同参观者对于同一空间可能会产生不同的空间情境模型。参观者在体验的过程中会不断地评估空间情境模型与所感知的空间环境的一致性，会根据已有的空间经验和想象力构建他们的空间情境模型。空间线索越多，建立一个丰富的空间情境模型就越容易。简洁、一致、拟真的空间线索，可以帮助受众建立起一个丰富、一致的空间情境模型。

2. 营造逼真临场感

索尼PlayStation研发部门的负责人理查德·马克斯（Richard Marks）认为，创造逼真临场感包括图像、追踪、交互、环境、社交五大要素，具体如下。

（1）稳定的图像质量，图像要逼真流畅，无"纱窗效应"（须分辨率达到16 K，刷新率达到144 Hz才能避免）。

（2）精确的头部追踪，追踪不精确易造成用户的头晕感受。

（3）手和身体的虚拟，交互应真实和自然。

（4）环境反映的连续性，如将一个物体放置于环境中，它就应该一直存在。

（5）社交，与其他人在虚拟空间里产生交流。

也就是说，在虚拟现实的空间中，环境、交互是设计的必要要素，直接影响到用户的沉浸感受，用户每时每刻都离不开与环境的互动。

因此，环境要素包括展示内容的真实性和流畅性。真实性包括图形的渲染精度、虚拟对象的运动符合规律等，并提高屏幕和展示图像的分辨率来减弱"纱窗效应"；而流畅性不但要求环境能够实时地对用户的动作作出反馈，本身图形的渲染速度还要保证动态环境的连续性。缺乏景深渲染、模糊、卡顿的图像效果会破坏体验时的沉浸感。

虚拟现实展示项目主要涉及图像、追踪、交互、环境这四大要素，社交要素一般是游戏类虚拟现实项目的必要成分，在这里不多阐述。综上所述，只有设计制作出高精度渲染的、具有即时反馈的、多种交互方式的虚拟环境，才能营造出逼真的临场感受，用户才能在这种沉浸感受之中充分发挥主观能动性，提高信息接收的效率。

（二）自然的交互

无论是处于虚拟世界还是真实世界，人们都会通过互动来评估当前世界的真实感。触摸、行走、呼喊等行动一定会使所在的世界产生改变，并通过人类的感知方式进行反馈，只有当反馈符合人的预期时，人才会判断这个世界的可信程度，从而产生真实的自我存在感。

前文已述，虚拟环境中的动作性和自主性是营造虚拟空间真实感和临场感的重要因素。动作性和自主性保证了虚拟环境中的物体符合受众主观意识中的自然规律，而除此之外，可互动性也是形成空间临场感的重要因素。在虚拟环境中，可供交互的对象越多，交互方式越丰富，则虚拟环境的交互性越强。而交互性越强，受众与虚拟场景互动的自然性就越高，有利于形成交互过程中的真实感，这对提升沉浸感有极大的帮助。

总之，虚拟环境应尽量采用与人本身运动规律相符的运动方式，展示能够适应头部转动的内容，移动时做到与真实物理空间1∶1的等距离转换移动，比起静止、瞬移、匀速移动体验更优。越接近真实的行走、转向方式，越能提升沉浸感。鲍曼（Bowman）和波皮列夫（Poupyrev）提出，在虚拟环境中用户的交互行为可以分为两类，分别是对象的控制和位移。这两大类行为保证了用户在三维空间中可以完成基本的操作任务。对象的控制和位移这两类基本行为可以组合扩展为更多操作行为。

（三）场地空间限制

在具体的虚拟现实展示项目进行展示时，场地空间依然会是一个限制。一方面是博物馆本身可利用的空间有限，在不破坏整体展示效果的情况下，虚拟现实展示项目的占地空间十分有限，还要考虑到与展示内容结合的实体布置，在保证展项外观性的同时预留一部分场地专门用作体验场地。要保证单独参观者在体验过程中的安全性和沉浸感，须同时在虚拟环境和现实环境中注明其可活动范围，一来避免参观者走出范围，二来避免围观参观者进入活动范围，影响追踪效果，并且产生安全隐患。另一方面，现有追踪技术的追踪范围也是有限的，如HTC Vive的追踪范围在 $3\sim 12m^2$，是目前VR设备中活动范围最大的。但这限制了自然的交互方式，只能退而求其次，人的位移方式只有静止或是瞬移。

在实际体验的过程中我们发现，要想收到沉浸感强的体验效果，对真实空间是有一定要求的。不管是哪一类虚拟现实设备，只要是具有追踪系统的，都需要额外的传感器对用户的动作进行实时的追踪，稍有遮挡便会导致卡顿现象，破坏用户的沉浸体验。考虑到博物馆中的实际因素，多个参观者在同一展项前同时进行参观的现象较为普遍，参观者在体验的过程中有较大概率遇到沉浸体验被破坏的感觉，其主要原因在于出现了画面卡顿或是碰到障碍物的情况。出现画面卡顿的原因主要是追踪器被遮挡或是体验者走出了追踪范围，这是技术的不足以及有限的真实空间造成的。因此，一方面仍需不断探索，减弱技术对体验的限制；另一方面需要对现实空间进行划分，并将此范围在虚实两个空间同步展示，保证最大程度的沉浸感体验，并且消除参观者对安全性的担忧。

四、支持与限制——技术要素

（一）关键技术支持

虚拟现实系统的运作方式是，用户通过传感装置对虚拟环境进行直接操作，并得到实时的三维显示和其他反馈信息，通过传感装置使虚拟现实系统构成一个行为反馈的闭环。虚拟现实系统主要的支持技术包括动态环境建模技术、立体显示技术、传感器技术以及系统集成技术。实时三维图形生成技术是其中的关键，要求实时生成并实时显示，如果其生成速度被人所感知，人就会产生脱节的感觉。在不降低图形质量和复杂度的前提下，需要至少15帧/秒的图形刷新率才能达到实时效果，基于计算机的VR设备普遍要求GTX 980以上的显卡配置。

这些基本的技术要求决定了配置虚拟现实展项的设备的首次成本高，需要一次性采购多个硬件设备。因为博物馆展示更注重的还是整体空间的视觉感受，而虚拟现实展项对于博物馆空间的陈列等整体感受没有太大改善，因此对于一些中小型博物馆来说，是否采取虚拟现实的展示形式需要仔细考量。

（二）硬件的限制

因为目前的硬件还远达不到要求，所以用户在体验的时候难免会产生"纱窗效应"。"纱窗效应"是指透过VR透镜观看的时候就像隔了一层纱，是因为图像显示精度和图形的刷新率都不够造成图形边缘的锯齿明显，从而降低了用户体验。

视场角的大小是虚拟现实沉浸感和清晰度的主要影响因素，但是视场角并不是越大越好。在VR中，较小的视场角会产生黑边效应，极大影响沉浸效果。但在现实中，当视场角大于110°时，人就会采取转动头部的方式来查看，所以大视场角一方面会造成浪费，另一方面由于目前屏幕PPI不够高，更大的视场角意味着像素的颗粒感更大，因此市面上主流的虚拟现实设备视场角大多为110°。

刷新率和帧数是目前导致人们产生眩晕感的重要因素之一，任何一项的数据不够都会增加眩晕感，影响视觉体验。刷新率由硬件决定，决定了体验的上限；而帧数则由内容决定，决定了体验的下限。根据"全球VR技术标准"，刷新率和帧数需要达到90H$_2$体验者才能勉强做到不晕，而现在有相当一部分的外设产品只能做到60 Hz的刷新率。分辨率也是影响沉浸感的重要因素之一。分辨率越高，画面越清晰。

除此之外，场景复杂度对虚拟现实的影响是最大的，场景复杂度包括虚拟环境中的光照、阴影、建筑、物品等一切需要渲染的对象。随着场景复杂度的增加，计算机每秒需处理的多边形数量呈几何级增长，对GPU和CPU的消耗显著增加，从而影响帧率，降低体验的满意度。目前，我们主要采取遮蔽性消除（visibility culling，VC）、多层次精细度模型（level-of-detail modeling，LOD）等方法避免对 GPU 和 CPU 的过度消耗。

目前，虚拟现实技术仍然存在一时难以突破的技术瓶颈，如晕动症、刷新率、分辨率、模型顶点数等，这些技术指标对虚拟空间内的视觉效果有较大影响，一旦出现图像精度不够或是卡顿的现象，就会打破参观者建立起的空间真实感，影响参观的整体感受。

第三节　博物馆中虚拟现实展示项目的设计策略

笔者将虚拟现实展示项目的设计要素分为参观者、环境和技术三大类，并对每一类进行细分，参观者要素包括认知、感官、行为、情感、评价等，环境要素包括虚拟场景、自然互动、真实空间等，技术要素包括刷新率、帧数、分辨率等。

博物馆是向公众开放的，以学习、教育、娱乐为目的的非营利性机构。在博物馆中，虚拟现实展示项目不能完全替代传统展示，而应该与传统展示形式相得益彰，所以设计虚拟现实展示项目的重点在于发挥其科普教育职能，提高展示信息传递的效率。结合虚拟现实的自身特性，针对目前展示设计表现出的缺乏自身特色、不重视展示内容策划、形式与内容不协调、内容更新不及时、参观者参与性不高等问题，根据参观者、环境和技术这三个要素提出虚拟现实展示项目设计的理论框架，总结出设计策略的方向：统一整体与个体、顺应参观者心理需求、营造逼真的空间情境、重视展示内容策划。

本节将紧紧围绕这四个设计策略方向，为虚拟现实展示项目的设计提供一套以参观者为中心且提高认知效益的策略。

一、统一整体与个体

（一）分众化设计

对于博物馆来说，将参观者分类并进行分众化设计十分有必要，因为博物馆具有很强的主观性和选择性，面对多元的文化需求，应为参观者提供更加丰富的选择。因为参观者的层次多、跨度大，很难用普遍适用的方式满足每一个参观者的需要，所以在设计展项时应充分考虑使用对象，从大众传播走向分众传播。例如，凯瑟琳·雷南克 Katharina Reinecke）和日什托夫·加诺斯（Krzysztof Gajos）在 2014 年调查发现：与年轻人群相比，40 岁以上的人群更喜欢颜色丰富的设计，50 岁以上的人群这种偏好更为明显；女性比男性更偏好色彩丰富的设计，喜欢对比色较少的配色方案，而男性喜欢灰色或白色背景并配上饱和的主色。因此，博物馆应考虑自身参观者的特点，如年龄特点、性别特点、学习倾向等，制定出与参观者喜好更加契合的展示设计方案。

虚拟现实展示项目在分众化设计上具有先天优势，参观者可以选择自己感兴趣的或是适合自己的项目进行体验。在一个展项中，能提供给参观者的选择更多了，个性化展示内容也更丰富。比如，设置多级多类菜单，让参观者自主选择想要体验的内容。但是，在面向青少年儿童和功能受限人士时，除了展示内容，还需特殊考虑外观等方面。

1. 面向青少年儿童

博物馆往往是亲子活动、学校组织教育活动的首选场所。所以，在设计时，有必要设计针对青少年儿童的展项，应采取生动活泼的方式，寓教于乐，培养儿童的感性认识和形象认识。

在外观布置上，应充分考虑儿童的视觉偏好，采用相对鲜艳的色彩，高饱和，高对比，高亮度。跳跃的颜色，一来可以营造生动的环境氛围，吸引儿童主动参观；二来对大脑思维的发育有启发帮助作用。例如，展示内容应以图形画面元素为主，设计不应太过冷静理性，应从青少年儿童的认知水平出发，减少甚至避免文字的使用，因为过多的文字说明容易引起儿童的消极情绪，从而使其失去参观体验的兴趣。而在交互设计上，应趋于简单设计，简单的、重复性的、激励感强的交互方式更符合儿童的心理需求。

2. 面向功能受限人士

为功能受限人士进行设计是现代博物馆的一项共识，在西方国家已经有各种明确的法律条文规定应考虑残疾人因素。"通用设计"也称为无障碍设计，在设计时需考虑使用时的所有情况，让尽可能多的人都能使用。西方博物馆在通用设计上已经有许多优秀的案例，如西雅图音乐体验馆，身体残疾的人士可以在轮椅上感受音乐魅力，而耳部残疾人士可通过振动感受节奏鼓点。

对于残疾人来说，虚拟现实展示项目比起传统展示能带来更好的体验。

多重感官刺激为无障碍设计提供了有力支持。针对身体残疾人士，虚拟现实支持以坐立方式进行全景体验。针对五感不全的残疾人士，虚拟现实的强感官性能够弥补缺损感官无法真切体验的遗憾，亦能产生逼真的临场感。通用设计的七大原则是公平性、灵活性、简单直观性、信息可知性、容错性、省力性、易达性。博物馆中的虚拟现实展示项目应表现为预估体验姿势、尽量减少障碍物、有一定的容错性。具体来说，就是应考虑到体验参观者可能采取的姿势，如站立或是坐着，并考虑到身高因素带来的影响，减少在体验过程中可能遇到的障碍物，并设置无障碍通道；另外，展示项目应具有一定容错性，能够在错误的交互发生时给参观者带来正面或是负面的反馈，以辅助参观者修正行为，获得更好的体验感受。

（二）注重与环境的融合性

如同新媒体展示项目在博物馆中的应用，虚拟现实展示项目也应注重与环境的融合性，打造与环境的一体氛围。

1. 隐藏设备线缆

传统展示注重陈列的一体展示效果，实体模型展示隐藏照明线缆，新媒体展示也会隐藏电线、适配器等辅助设备，只有电子显示屏幕和互动设备暴露在外。一方面是保证展示陈列的整体效果，充分营造环境效果；另一方面也避免不必要的参观者绊倒、设备损坏等事故的发生。虚拟现实展示虽然可以隔绝现实世界，但仍应遵循与环境的融合性，隐藏数据传输线缆。现有技术尚无法达到无线传输，连接主机和虚拟头盔的线缆通常较粗，且具有一定长度，以保证数据传输的低延迟和用户最大范围的活动性。但笔者在虚拟现实的设计和体验过程中发现，这根线缆在很大程度上会影响用户体验，用户在体验时容易被这根主传输线绊到，用户须时刻注意不要踩到线缆，严重破坏了体验过程中的沉浸感。基于此，一些展览展示给出了比较合理的解决方案，即圈定一个活动范围，在顶部搭建框架，传输线缆从顶部框架连接到主机，在保证用户安全性的同时为用户提供一定的活动范围。例如，故宫养心殿的 VR 体验项目，就是将线缆架设于房屋顶部进行数据传输，注重了虚拟现实设备与环境的融合，同时尽可能避免了线缆带来的干扰因素。

2. 赋予包装效果，与传统展示方式结合

虚拟现实的展示形式固然可以突破时空限制，最大限度地展示、传达信

息，但这种高科技形式仍然无法取代传统展示。因为虚拟现实技术的限制，虚拟现实展示项目目前一次只能供一人体验，对公众集体而言，其展示效率较低。因此，博物馆仍应以展示陈列的美观性、科普性为主。在布置虚拟现实科普展示设备时，应赋予其包装效果，与传统展示形式相结合，避免对周围展示产生影响，保证单独参观者体验时，其余参观者可以在一侧观察其体验内容，通过电子屏幕及文字介绍等其他方式一起感受。例如，虚拟现实飞行驾驶体验展示项目将封闭空间包装成驾驶舱，其环境和内容布置均 1∶1 地还原飞行驾驶舱，用环幕投影作为飞行驾驶的观察区，体验者可以自己操控各项按钮，仿真的驾驶舱布置配合视觉画面的不断变化，使体验者对真实的飞行驾驶有一个更深刻的体会。又如，首都博物馆的殷墟妇好墓特展，将传统的实物展示和新媒体展示、虚拟现实展示结合在一起，使参观者能够多方位、多感官地对殷墟妇好墓的文物有一个全面的认知。上方的电子屏幕展示参观者通过虚拟现实眼镜观察到的画面，墙壁上的电子屏幕则对文物的结构进行分解展示，虚拟环境与现实环境进行了有机的结合，参观者能够形成整体的参观体验。

（三）选取适当硬件设备

将虚拟现实技术应用于博物馆的优势固然明显，但考虑到博物馆的场地布置和展示特点，虚拟现实展项不会大量地在博物馆中应用，因为目前的虚拟现实技术只能做到单个参观者的沉浸式参观，对博物馆的参观效率有一定影响。因此，博物馆中的展示设计仍以实物展示和新媒体影像展示等外显式的展示形式为主，最大化参观者的参观效率，也给参观者提供更多的自主选择。

但虚拟现实的多种表现形式也为博物馆的展示设计带来了更多的可能性，可根据各博物馆的自身特点因地制宜地进行设计。

（1）占地面积足够的大型博物馆，可依托自身主题进行个性化设计，将虚拟现实展项作为主要展示形式，设置 1~2 个专门体验场所；可采用主机 VR 设备，追踪反馈参观者的探索行为，调动参观者的五感，交互性强、沉浸感强、科技感强；还可以专门设立一个虚拟现实展区，追求更好的视觉效果和体验效果。

（2）中小型场馆，可与实物模型、影像展示结合，集中展示某一主题，运用照明营造主题气氛，将虚拟现实展项作为辅助展示形式。采取便携式的 VR 设备，可以追踪体验者的头部动作，以视觉效果为主，交互通常为视线锚点形式。这种形式对场地的要求较小，可以设立多个体验区，供多个参观者同时体验。首都博物馆的殷墟妇好墓特展就设立了7个虚拟现实眼镜展台，大大提升了参观效率。

（3）线上博物馆，以手机App为主，典型的如Google Arts & Culture App，提供在线全景式参观，海量藏品自主参观，并且可以无限扩展其内容。对场地无限制，参观者可以随时随地进行体验。

二、顺应参观者心理需求

博物馆正逐渐由专业化向公众化发展，其定位也逐渐从"以展品为中心"到"以参观者为中心"。"以参观者为中心"的设计理念可以拉近参观者与展品的距离，打破原本展品与参观者之间的不平等地位，让博物馆摆脱门可罗雀的现状。这就要求设计者全面了解参观者的心理，顺应其心理需求。

在进行虚拟现实展示设计时，峰值体验的设计至关重要。峰值定律是一项描述人如何认知和记忆体验的心理学定律。心理学家丹尼尔·卡纳曼（Daniel Kahneman）经过深入研究，发现有两个关键因素影响人们对体验的记忆，即高峰和结束。高峰时的体验决定了虚拟现实展示信息传递的效率，结束时的体验决定了该展示能否引发人们更深层次的思考。此外，"峰值稳定轨迹"策略是吸引参观者注意力的最好策略，可以提高人们的情绪值，并将其保持在高位。"峰谷峰值"则是保持注意力的最好策略，可以提高人们的情绪值，随后将它降低，然后再将情绪拉到高位，并持续重复这个过程。由此可见，不管是哪种策略，都以建立积极情绪的峰值体验为基础。建立积极情绪的峰值体验的基础是符合参观者的自我认知，并且尽可能地减少参观者的认知负荷，减少参观者在体验过程中的自我怀疑与迷惑心理。在此基础上，通过叙事、视觉特效等手段可以引导提升体验者的情绪，从而达到良好的峰值体验效果。

（一）符合参观者自我认知

参观者在虚拟现实的体验过程中，会对自己有一个清醒认知，如每步距离、伸手距离等，在设计时应考虑帮助参观者建立自我形象身份，进行自我能力认知，增加体验的安全感和接受度。比较简单的进行自我认知的方式是由体验者在进入场景后自己选择所扮演角色。参观者在选择的过程中，会慢慢建立自身与目标的联系，并将两者对等起来。在虚拟现实展项设计中，虚拟的角色设计应满足用户的角色转换和饰演心理。在新媒体语境下，虚拟场景带来的虚拟身份和情感体验，使个体犹如置身互联网中一样自如且本真。

人们潜意识里对虚拟身份和情感参与互动有很大兴趣，而虚拟现实可以为体验者创建新的身份，赋予不同情感。富有创意的方式如通过在场景中设置镜子，让体验者在照镜子的过程中了解自身形象。例如，在"Coco VR"游戏中，用户就变成了《寻梦环游记》里的一个骷髅，通过照镜子的方式去了解自己的虚拟形象，并获得不同感受。

如果展示项目具有手柄等互动设备，则应精准定位手柄。在虚拟现实场景中出现的手柄应与在现实中用户体验之前看到的一致，或者当采用真实手部模型代替手部出现时，应合理设置手的大小比例，尽量与现实一致，避免给体验者的自我认知造成困惑。

在设计虚拟空间时，要充分考虑真实体验者的存在要素，如预估体验姿势、参照物比例等。需要考虑到体验者的体验姿势是站着的、坐着的还是走动的，针对不同的体验姿势采用不同的设计策略。参照物的视觉比例则是影响体验舒适度的一大重要指标。例如，如果场景设置身高 170 cm，那么 190 cm 的体验者在体验时就会有明显的压迫感，而 150 cm 的体验者会觉得自身飘在空中，均无法达到最优体验。并且，应在体验者首次进入的虚拟环境中设置参照物，并赋予合理的比例，因为比例失调的参照物会极大地影响沉浸体验。

（二）降低参观者认知负荷

认知负荷理论最早由认知心理学家约翰·斯威勒（John Swdler）提出，其基础是个体认知结构与外界环境之间的交互作用。认知负荷可分为内在认知负荷、外在认知负荷和有效认知负荷，在任务中尽量降低外在认知负荷、增加有效认知负荷，就能加强系统的可靠性。认知负荷是人机系统中一项重要的评价指标，而环境和任务是决定认知负荷高低的主要因素。

在人体工程学中，负荷包括认知负荷、视觉负荷和动作负荷三种，其中认知负荷需要用户进行额外的思考，其消耗是三种负荷中比较大的，视觉负荷和动作负荷在一定程度上可以分摊部分认知负荷。

在博物馆中，参观者消耗的认知负荷较大，容易产生疲劳感。在虚拟现实展项中，认知负荷主要来自参观者在体验时需要学习如何有效互动。视觉信息的引导以及交互的自然性（参观者不需要刻意学习就能与虚拟环境形成互动），都能有效降低参观者的认知学习负荷。因此，在设计虚拟现实展示项目时，应尽量降低参观者的认知负荷，追求简约而高效的设计。可以通过创建美观、舒适的界面和保持交互的一致性来达成降低认知负荷的目的。

1. 创建美观、舒适的界面

在内容设计时,要充分考虑人体工程学因素,如视场角度和颈部转动角度,这保证了虚拟现实体验过程中的舒适度。眼睛可视角度即为视场角,当头部和眼球都保持不动时,眼睛看向正前方能够看到的空间范围并非是无限延伸的,在双眼视野下的范围大概从水平点向上55°,向下65°,向左右均为90°,其中左右眼的视觉范围有大部分是重叠的,具有立体感的左右主视野约为100°到120°,重叠的双眼视觉使人们察觉到物体的深度、物体间的距离等。站立时,视线会低于水平10°;坐着时,视线会低于水平15°。主要界面和重要信息应放置于左右77°、水平偏下的舒适区域,次要信息放置于左右77°~102°的辅助区域,102°以外的好奇区域一般不放置信息。一般来说,头部的转动在垂直方向上,最大可向上转动60°,向下转动40°;在水平方向上,最大转动角度为55°,若超过55°,会造成颈部的不适感甚至是肌肉扭伤。

另外,界面的排布方式也会影响体验的舒适度,应注重空间元素的复杂性和层次排布。三星之前关于三维效果与距离关系的研究报告显示,视距小于0.5 m时,双眼观看会非常吃力,而当视距大于20 m时,几乎没有三维效果。因此,视距0.5 m内不应放置任何信息,这也是在虚拟现实中HUD应用较少的原因。HUD设计的关键是将多个子功能集合到一个综合页面上对当前的状态数据进行集中显示,一般设置在平视区域的边缘,但在虚拟现实中靠近视觉边缘的区域畸变严重,而且会影响观察体验。

虚拟现实中主视野的内容可以分为前景、中景和远景,在设计时应考虑以下策略。

(1)前景:2~6 m,宜放置UI界面。视距越远,界面上的文字信息越不易被看清,同时立体感也会减弱。

(2)中景:6~20 m,宜放置场景信息,如虚拟样板间中的沙发、桌子等。距离越大,给用户的空间感越大。这个距离既不会干扰前景主要的交互区,也能保证用户的舒适感。

(3)远景:20 m及以上,放置天空盒子,如星空、朝阳等,主要起到烘托场景的作用。

在保证舒适的基础上,虚拟现实展示项目的内容及界面应追求美观性和简约性。目前的虚拟现实系统界面设计布局主要有宫格式、旋转木马式、陈列馆式、列表式、抽屉式等。宫格式是将各功能入口放在一起排成宫格，组织结构稳定，便于查找，但指示性不明确，并且各功能页的切换必须回到主界面，交互的灵活性较低；旋转木马式一次只显示一个重要信息，内容聚焦度高，线性的浏览方式有很强的方向感，视觉上容易营造出纵深感，布局较为美观，如 Mac OS 上的 Finder，但显示内容少，需要频繁操作，且只能按顺序查看；陈列馆式是进化版的宫格式，布局更灵活，信息承载量更高，可以更直观地显示各项内容，甚至可以 360° 全方位进行排布；列表式的内容层次清晰，可以展示较长文字内容，但排版单一，内容过多，容易产生视觉疲劳；抽屉式能够展示整体界面的结构分类，易于聚焦内容，且无须进行页面的多级跳转。一般来说，虚拟现实的界面布局多采取弧形，界面内容沿着以用户视角为圆心的圆周排布，因为在 360° 的环形视野中，只有弧形排布才能让各个信息与用户视线距离一致，不至于看不清边缘的内容。在界面设计时，可以利用格式塔心理学对界面的布局进行合理组织，清晰地展示整体的结构，减少界面上的迷惑性。同时，界面的层次感可以通过物体的光影、距离对比及遮挡、景深辅助线来营造。界面设计应在保证操作便捷的同时，增加体验的沉浸感。

另外，在上述基础上，虚拟现实展示项目的设计应遵循界面美观的设计原则：一是干净，保持简洁与有效，去掉影响传达的部分，删除视觉无效信息，使用户可以更快地理解设计师所要传达的信息和情感；二是清晰，保持让人愉快的对比度，容易识别，能够长时间舒适地浏览；三是便捷，用户的每一次操作都应该便捷有效；四是遵循自然与习惯；五是遵循设计规则。

2. 保持交互的一致性

降低虚拟现实展示项目中人的认知负荷，使受众手眼协调，要求在设计时遵循一致性原则，符合菲茨定律和引导定律。菲茨定律指目标越大且越靠近起始位置，用户就能越快地指向目标；引导定律指在受限的移动路径中，移动的路径越宽，用户就能越快地移动目标。

一致性包括概念层面的一致性和按键的一致性。概念层面的一致性能够避免受众在使用时被迷惑；而按键的一致性可以培养受众的"肌肉记忆"，减少受众犯错的次数。交互的一致性可以有效降低用户的学习、记忆负担。

（三）减少疲劳感受

1928 年，鲁滨孙首次提出了"博物馆疲劳"的概念，指参观者在参观的过程中所产生的体力疲惫、精力衰竭、注意力涣散等负面现象，这也是参观者选择退出参观的重要原因。而造成疲劳的原因多种多样，学者们仍在努力地探索，大致可归结于环境、建筑和陈列三个方面，如空气浊度过高和噪声影响、陈列空间设置不合理或过分单调、陈列密度过高、展品位置不符合人体工程学、光线运用不当造成视觉疲劳等。麦克卢汉博士曾提出一种心理状态，称为"博物馆感觉"，即人进入一个持续相连的视觉空间，会很快产生疲乏的感觉，类似于在笔直的小道行走时产生的幽闭恐怖感觉。在虚拟现实展项的设计中，应避免"博物馆疲劳"和"博物馆感觉"带来的情感惯性，避免参观者因情感上的疲劳而放弃参观。这就要求我们做到以下几点。

第一，将重点内容放置于主视野区，并降低参观者的认知负荷。

第二，在视觉层次上注重空间元素的复杂性和层次排布。

第三，减少肢体的大幅度动作。本身参观者在博物馆参观就以站立和行走为主要方式，已经消耗了大量的体力，如果在体验虚拟现实展项时需要高强度或是大幅度的动作变化，就更易引起参观者的身体疲劳。

第四，避免头部的频繁转动，避免颈部长时间保持统一角度，如低头或仰头看。

三、营造逼真的空间情境

（一）提高场景真实感

场景越真实，体验者的代入感就越强烈。虚拟现实展示项目是完全沉浸式的，虚拟和真实世界的边界模糊，虚拟世界的坐标体系须与真实世界相同，不然会造成体验者的认知偏差。设计时不仅需要建立精细模型、贴图、打光、渲染，还要考虑镜头的位置以及物体间的比例关系。

场景的真实合理性可以通过以下三方面去体现：镜头位置即体验者眼睛的位置、正常的物体比例、物体本身的渲染质感的真实性。

另外，由于虚拟现实设备的镜头具有放大作用，环境应设计得尽量开阔、敞亮，设计者在设计软件中看着合适的尺寸空间，到真实体验时可能会变小，造成压抑感，应调整环境中的物体比例，反复在虚拟现实空间中观看实际效果。色彩设计上，要避免太过明亮，明亮的色彩可能会让体验者觉得刺眼，引起眼睛疲劳。

逼真的场景也有利于鼓励参观者进行主动探索。心理学研究表示，自我学习的方式比传授更加让人情绪高涨，记忆时间也更久，展示设计应致力于启发参观者的好奇心，鼓励参观者充分调动主观能动性自发探索学习。探索实践是国外正在积极尝试的展示形式。例如，伦敦的自然历史博物馆和谷歌合作，通过360°街景技术将虚拟的恐龙模型——霸王龙、猛犸象等投放到数字街景中，结合了真实物体与虚拟物体的环境，更具有冲击感。湖南博物馆 2017 年重新开馆，以 1∶1 的比例还原了辛追墓，通过大型投影手段营造身临其境之感，受到了参观者的广泛好评。这种逼真的虚拟环境鼓励参观者自主进行探索，为更多人创造了探索机会，也给博物馆提供了更多的展示设计空间与灵感。

（二）提升交互自然性

人机交互以降低用户学习成本、提高用户体验为目的。好的交互设计应符合人们的认知习惯以及自然的、本能的动作习惯，这一点在虚拟现实展示项目中也不例外，想要提供更好的沉浸体验，必须提升交互的自然性。虚拟现实展示项目中的交互设计应遵循以下原则。

一是不应有用户输入动作引发以外的物体运动，除了环境自然运动。

二是人的手势多旋转运动，而非直线运动。

三是用户需要学习的手势有限。

四是所有的交互行为都应具有动作开始和结束的暗示。

以上交互原则可以有效减轻体验过程中的眩晕感受，并且能够引导用户在体验过程中的正确行为，避免错误交互行为的发生，减少用户的焦虑情绪。

提升交互的自然性需要做到以下几个方面。

1. 实时、持续的反馈

反馈能够提供正在发生的状况的关键信息以及用户如何处理的线索。对于参观者在体验过程中产生的任何交互动作都应及时进行反馈，并且这种反馈应具有可预测性，可以被人理解，人们必须了解系统运行的状况、行动以及即将进行的下一步。人们必须经由一种持续的、不具侵犯性的、有效的方法来了解系统的状况和行动。

唐纳德认为，反复确认是人类的一种特殊需求，情绪重于信息。在人机交互过程中，如果一段时间内系统没有给出反馈，人们就会焦躁不安。同时，这种持续的反馈应尽量保持自然、轻柔，否则亦会造成用户的反感情绪。例如，在虚拟现实界面中，只要用户触及界面按钮，其状态应有所改变，如颜色加深、加重框线等效果，以便于用户感知，即使用户没有与其发生实质的交互行为。只有保持实时、持续的反馈，才能让用户认为自己所处的环境是真实可信的。

2. 精简交互元素

人们只能记得很少的交互元素，所以在交互设计中，手势动作、反馈信息等都应做到简单、便捷、自然。所有的交互元素应形成一个系统，保持相对的一致性，避免引起用户的认知偏差。

3. 利用环境元素

人的知觉系统可以自然地综合视觉、听觉等五感的功能，对周围环境进行完整、丰富的了解。

可以通过音效、环境声等来反馈系统当前的状态，如当体验者发生正确的交互行为时，可以通过环境的自然变化告知用户当前行为是否有效。例如，故宫展览App中的VR模式的视野中央始终有一个锚点代表视焦点，地面上有代表行进路线的箭头。当参观者在抬头参观时，箭头并不会显现，加强参观者的沉浸式参观效果；而当参观者低头时，地面上的指示箭头就会渐进式显现，并且跟随参观者的视线变化，当视觉锚点在箭头处停留1～2秒，场景就会切换。

4. 利用功能可见性

在虚拟现实展示项目的设计中，提供有效的、直觉的功能可见性非常重要。功能可见性已经在工业设计中得到普遍应用，利用物体的外观、约束等暗示人们与物体的本能交互行为，而不需要刻意的、附加的文字说明。在虚拟现实中，一个对象表现出的物理反馈越多，其越能引导正确的交互行为发生。同时，交互行为越明确，其所表现出的功能可见性也越明确。换句话说，功能可见性只引导一个交互行为。合理运用功能可见性可以有效提高虚拟现实中的交互效率，减少错误行为的发生。虚拟现实的功能可见性设计也可以从现实世界中寻找灵感。例如，VR游戏"Long Bow"的交互行为源于现实生活中的射箭，左右手柄被分别设计成弓和箭，用户能够很自然地发生交互行为，按住扳机键拉弓后，释放扳机键即为放箭，在拉弓过程中会有真实的压力反馈，使用户体验到弓弦被逐渐拉紧的过程。

5.加强身体惯性与运动的匹配设计

身体的惯性主要是由人体的前庭系统与视觉系统的刺激来共同完成的,其都会通过各自系统进行运动状态辨别,并将相应的运动状态信息传递到大脑。当两者信息一致时,人体就会出现正常的运动体验;但是当两种信息存在差别时,人体就会出现眩晕感,常见的晕车现象就是这两种信息矛盾的体现。而虚拟与现实世界中的运动状态不一致主要是指现实运动而虚拟静止或者现实静止而虚拟运动,当前的艺术设计中大多数会存在第二种情况。在现实世界中进行相应的动力设备的搭建就可避免这种矛盾的出现,实现身体惯性与虚拟运动的相互匹配。例如,Mmone 虚拟现实座椅就在设计中实现了身体惯性与运动的匹配。体验者参与游戏时,座椅能根据虚拟世界中的运动状态进行自动调整与运动,根据体验者的视觉系统进行相匹配的身体惯性提供,在避免晕眩状态的同时提高体验者的真实感受。

(三)利用情感仿生代理

在设计虚拟现实展示项目时,可以利用情绪效果提升用户对虚拟环境中化身或代理的接受度。"化身"和"代理"是《虚拟现实:从阿凡达到永生》中提到的虚拟现实中两种不同角色的概念,化身是指该虚拟角色由真实的人操作,而代理是由电脑控制的角色。

由具身认知理论可知,人们会更亲近与自己行为特点类似的人。具身认知实验证明,模仿对方的动作并且不被对方发现时,会显著提升对方对自己的亲和感。设计者可以在虚拟现实展示项目中利用这一点设置情感仿生代理,模拟现实世界人的行为动作。情感仿生代理具有较强的感染力,能够通过表情、语音、眼神、肢体等动作实现与人自然、亲切的交流。

在许多博物馆的展示中,都有采用情感仿生代理引导参观者参观的案例,如无锡博物馆就有通过卡通形象讲解透露叙事线索引导参观的展项。VR 游戏"The Lab"中的狗狗就是典型的情感仿生代理,其摇尾巴的动作、身体的晃动可以很快让参观者产生亲近感,借由用户的亲近行为引导教学用户的交互行为,同时能够引起用户的积极情绪,鼓励用户的自主探索行为。

利用情感仿生代理可以引导参观者与环境的交互,调动参观者的积极情绪。但是,情感仿生代理的设计应通过降低外观相似度来增强角色的亲和感,如设计卡通形象、夸张的肢体动作等,与人体过于相似的外形反而会引起人的反感情绪,如人体蜡像。

四、重视展示内容策划

（一）内容紧扣自身特点

展示内容是展示设计定位和创意的根本，是升华内涵的基础。展示设计不应随波逐流，应紧扣自身特点，从自身场景及内容出发，设计相应的展示内容与形式。博物馆的基本职能是科普教育职能，强调其客观性。应在科学客观的基础上，结合各场馆自身的主题和虚拟现实的特点，设计合理的虚拟现实展示项目，帮助参观者更深入地了解展示信息。

首先，应避免创作思路老旧。虚拟现实媒介与以往的新媒体媒介有很大的不同，设计者大多是刚从传统展示的设计方法转换为新媒体展示的设计方法，而虚拟现实隔绝现实环境且完全三维的特点让很多设计者无从下手，照搬以往新媒体设计的老思路，不乏在虚拟现实环境中依然呈现大块文字说明或是单纯二维平面展现的情况，这就失去了虚拟现实的独特优势。

其次，避免过分追求新意而不考虑自身展馆特点。目前，很多博物馆在设计展项时，一味追求技术手段，利用新鲜感吸引参观者，脱离自身特点，无视自身的内在价值，照搬国外优秀展示案例。各博物馆存在同质化的趋势，这难免让参观者失去参观兴趣。但国内也有优秀的展示设计者能够抓住自身特点，巧妙结合虚拟现实技术，树立其正面形象。例如，2017年的VR大片《探秘海昏侯大墓》就基于2015年考古的新发现——南昌西汉海昏侯大墓，将其与VR结合，突出展现了海昏侯大墓出土的21项具有代表性的文物，通过粒子系统制作的黄昏光影烘托了海昏侯国的雄伟壮观景色，参观者可以畅游海昏侯国，在解说员的引导下点燃雁鱼灯、敲打古编钟、盖印"刘贺"章等。又如，故宫的展示设计人员紧紧围绕"紫禁城"这个主题，打造了一系列产品，第一个展示的VR作品是《紫禁城？天子的宫殿》，从一个切入点单独展开，以小见大，让参观者从细微处感受故宫的文化底蕴，树立起良好的故宫品牌形象，深得参观者喜欢。

2016年，"殷墟妇好墓"作为故宫特色主打虚拟现实展示项目，在特展推出时展厅人满为患。妇好墓是目前已发掘的唯一保存完整的商代王室墓葬，利用虚拟现实技术参观者能够更好地自主观察妇好墓的结构以及器物关系。参观者戴上VR眼镜，首先会置身于妇好墓的第一层，可以看到一个石头器皿，通过锚点凝视的方法选择上到地面以上或是继续下一层墓穴的探索，地面上有妇好墓遗址上的宫殿、草丛树木等，往墓穴下走则可以看到零星的随葬品残片，墓穴四周的泥土由最初挖掘时的自然填土变为带有明显人工痕迹的夯土层。

（二）利用叙事激发参观者兴趣

设计故事线索是展示中常用的手段，因为博物馆中的展品与其表达内容往往没有很强的联系性，需要将展品重新进行解读呈现给参观者。用"讲故事"的方式可以让参观者注意到某种特定反应，加强学习效果。故事成为参观者记忆的一部分，是叙事方式特有的现象。故事能够引起人们对事件的模拟，大脑对故事的反应就好像人们正在经历一样。人在听故事时会使用大脑更多的区域，并且能引发情感反馈，增强愉悦感受，激活记忆中枢，从而达到深入理解、强化记忆的效果。如果人们在故事上的注意力维持足够长的时间，他们就会对故事中的人物产生认同感。

保罗·泽克（Paul Zak）通过实验发现，只有按照传统"戏剧性弧线"发展的故事才会引起大脑释放化学物质。"戏剧性弧线"是指一个故事的发展所包含的起因、上升、高潮、回落和结局五个阶段。人们会在情节上升和高潮阶段释放皮质醇，在故事情节回落和结局时释放催产素。只有大脑释放化学物质才能引起情感反馈，形成情感共鸣。

叙事方式一方面增强了展示的趣味性和可阅读性，另一方面给予了参观者新鲜感和想象空间。叙事包含五个基本元素：背景、角色、情节、气氛、流动。背景让参观者认清方向，为故事提供时空感；角色的身份能让参观者投入故事，感到故事与自己切身相关；情节串联整个故事，是故事发展的通道；音乐、灯光等创造积极情绪的氛围；时间的次序和流畅程度让故事脉络清晰有趣。

例如，《国家宝藏》《如果国宝会说话》等节目就巧妙地运用了叙事方式，将展品背后的故事演绎给参观者，引起了参观者的强烈共鸣，如皿方罍的流转史、各种釉彩大瓶的制作史，就结合了绚丽的舞台效果、生动的情节展示、演员们到位的演出，揭晓了文物背后的传奇来历。趣味化的展示拉近了展品与参观者的距离，不仅让参观者知晓了其丰富而又深远的内涵意义，还将其传承的精神告知了参观者。电影《博物馆奇妙夜》也是通过生动曲折的故事情节赋予展品活力，有效提高了美国自然博物馆的参观人数，甚至开启了博物馆过夜的新项目。这类节目通过讲故事的方式，让展品活了起来，改善了以往参观者不想看、看不懂的局面，激起了参观者积极参观探索的兴趣，真正取得了寓教于乐的效果。由此可见，参观者不是对博物馆缺乏兴趣，只是需要博物馆用创意的方式、用讲故事的策略去激发参观者的兴趣。从《国家宝藏》的热播可以看出，叙事策略对于激发参观者兴趣、提升展示趣味性有着很强的作用。在虚拟现实展项中，不妨用创意趣味的叙事方式引导参观者的体验。

在虚拟现实展示项目中，可以让体验者作为主角，参观者不再是听故事、看故事的人，反而可以直观地经历故事，不再像之前观看视频那样是通过大脑的镜像神经元让体验者产生感同身受的感觉。例如，在三星电子和英国国立自然博物馆合作推出的古代海洋生态环境体验项目中，参观者戴上虚拟现实头戴式显示器，以英国著名生物学家爱登堡的解说为背景，可以尝试纵身跳入古代海洋中。叙事方式可以有效激励参观者的行为，引起参观者对环境的探索欲望，使参观者主动地参与到展示项目中去。若是再引用一些游戏化的元素，如收集勋章成就、积分体系等，形成非物质的游戏化激励机制，就能够有效改善以往参观者认为博物馆中的展示项目枯燥无趣的刻板印象。

（三）协调展示形式与内容

博物馆展示设计的独特性要求是由内容开始、有感而发的形式设计。大量的设计实践证明，借助对内容的把握，可以更深刻地推导出形式的不同功能和特色，如果脱离了内容，结果只能是为形式而形式，就只能是片面的。

在虚拟现实展示项目的设计中，尤其要避免一味追求震撼效果而忽略展示内容的思想性、知识性、教育性和科学性的行为。在设计虚拟现实展示项目时，首先应思考内容是否适合采用虚拟现实的形式来实现，是否符合参观者的心理预期，是否适用于自身环境。在这方面，国外已有许多有益的尝试，如大西洋公司与自然历史博物馆合作的 VR 短片《生命的起源》，以新颖的形式和令人感动的体验获得了参观者的一致好评。参观者有机会观察到寒武纪海洋内的生态环境，这种别开生面的 VR 体验能够带给那些对古代海底世界抱有好奇的人们全新的感受。

针对博物馆独特的展示内容，应选择合适的展示形式。虚拟现实的展示方式虽然有着诸多优势，但是不可能适用于每一个展品，与传统展示形式和新媒体展示形式进行有机结合才是博物馆展示设计的有效途径。在选择虚拟现实这种表现形式时应慎重考虑，因为其涉及的设计和技术要求高、设备昂贵、更新维护成本高，应因地制宜，制定服务于内容本身的展示形式。为了博关注，不动脑筋直接套用虚拟现实展示形式的方法并不可取，甚至可能适得其反。

　　虚拟现实展项的形式其实并不局限，只是大家偏好于看起来科技含量更高的形式，其实每种展示形式都有其自身特点，当受条件限制无法采取沉浸式虚拟现实设备时，非沉浸式的虚拟现实空间也很值得尝试，如大型投影空间等。

第五章　增强现实技术背景下博物馆数字化视觉再现的设计

第一节　博物馆数字化视觉再现模式分析

一、博物馆展示与增强现实技术的关联性分析

博物馆是征集、典藏、陈列和研究代表自然和人类文化遗产的实物，并对其进行合理化分类，为参观者提供学习、教育、娱乐服务的场所。提供高质量的信息服务是博物馆的核心价值所在，博物馆从无形中折射出所展示文物的历史底蕴与所展示地区的文化内涵，并不是单一地分类、排列与并置，更应该是内部文化精神的流露。

（一）博物馆展示的技术性需求

博物馆展示通常具有独特的实物现场体验的特征，可以使参观者面对真实展品进行参观学习，但是随着互联网技术的飞速发展以及计算机设备的日益成熟，人们可以足不出户地从网络中调取展示文物的相关介绍信息，使得普及历史、文物、展品知识更为便利。而且新媒体技术的出现以及网络的发达程度更使学习不再受时间和空间的限制，有些博物馆也设立了自己的网站，使参观者可以轻松调取展品信息，甚至进入虚拟现实的模拟博物馆进行参观。这对现在传统意义上的实体博物馆的冲击非常明显，因此实体博物馆对于展品的展示需要技术媒体的支持，这是博物馆发展的必然方向。现阶段，博物馆建设及展示设计发展整体呈现出积极导入数字、网络、智能技术的趋势，博物馆只有与相关技术结合才能更好地履行自己在信息化社会进行传播展示的功能，提高自己的竞争力。新技术的运用只是展示的手段，只有与展示的主体实物相结合，以动静结合的方式才能给参观者带来新鲜感，从而增加其学习研究的欲望。展示技术的运用，如数字视频的播放、网络中的虚拟现实技术体验、全息投影、增强现实技术等，都能将参观者的主动学习情绪调动起来，参观过程再不是单向地灌输学习。博物馆的展示功能应该使每一个进入馆中参观的人都融入进去，参与到展品的展示过程中，运用各种展示手段激发馆中人们的想象力与积极性。

（二）博物馆展示的信息丰富性需求

博物馆主要展品为文物、标本、化石等，工作人员按照现有的知识框架及工作经验对所有展品进行分类，主要分类方法为主题法，同一属性、同一历史背景、同一时代的不同展品都会被归结为一类集中展出。展出的主要方式为将展品陈列于隔绝外界环境，温度、灯光、湿度都相对固定的玻璃展箱中，展示区域周围会有注明展品信息的标签供参观者了解、学习。这样一成不变的展示方法，不仅不能对展品信息进行全面的阐述，而且过于呆板，容易使参观者疲劳，参观者仅是走马观花地浏览，获得的信息量极小。部分博物馆会雇佣导游讲解或者租借电子讲解器，但是这样却大大增加了参观者的学习成本。

从参观者体验角度考虑，多数展品的展出信息过于简单、概括，不能完全描述清楚展品背后的详细信息。前来参观的人从小孩到老年人，年龄各有不同；从门外汉到专业领域研究人员，专业程度各有不同，单一的展品介绍并不能满足所有参观者的学习需求，所以提升展品信息的丰富性、全面性势在必行。博物馆的传播教育功能不应局限于独立、单一的参观个体，应该丰富博物馆展示形式和手段，突破时间和空间的局限，将传播范围扩大化，使群体扩大；改变单向灌输的现有局面，用全面、丰富、有趣的展品信息调动参观者的主动性，使其从被动灌输变成主动思考与发现。

二、增强现实技术在博物馆中的应用

近年来，《新媒体联盟地平线报告（博物馆版）》不断强调增强现实技术在博物馆发展中的重要性，并指出增强现实技术是最具潜力改变博物馆发展现状的主流新兴技术之一。将增强现实技术运用在博物馆中能够将展品以文字、语音、视频、动画、3D 模型等多种形式相结合的方式进行展示，改变以往博物馆展品展示形式单一的现状。同时，增强现实技术具有较强的交互性，这一特点使人们在参观博物馆时能够产生多方面的感官互动体验，将传统通过静态视觉欣赏展品的体验转变为动态多感官的互动体验，为参观者提供更具沉浸性的参观体验过程。目前，增强现实技术在博物馆中的应用以文物古迹数字重建、扩展文物展示信息、博物馆导览和丰富参观者参观体验为主要应用形式。

（一）文物古迹数字重建

目前，国内外增强现实技术在文物遗产保护方面的大型项目主要有欧盟资助的 Archeoguide 项目和在我国政府支持下由北京理工大学实施的圆明园数字化重建项目。

欧盟资助希腊的研究机构开发了具有交互性的 Archeoguide 系统，用于对希腊古遗迹进行数字化增强现实显现，以便为参观者提供个性化的电子指导和旅游帮助。该系统采用个人数据助理 PDA 作为终端，参观者通过该系统可以看到希腊奥林匹亚宙斯神庙 2 000 多年前的状况。

北京理工大学的王涌天教授多年来从事圆明园数字重现的研究工作，致力于将现代先进的科学技术与我国深厚的文化底蕴相结合，通过增强现实技术使参观者在圆明园遗址中能够身临其境地感受圆明园原有的魅力。圆明园数字重现的构想如下。

第一，在历史学家和古建筑专家的指导下，根据有关资料和历史考证，在计算机中建立圆明园鼎盛时期的三维数字模型。模型既包括对园中各宫殿庙宇、亭台楼阁、山丘水系、花卉树木、珍禽异兽的描述，也包括当年各殿堂内摆放的稀世奇珍、名画书法、家具文玩、金银珠翠的图片和模型，既包罗万象，又细致入微。

第二，利用虚拟现实技术实现对园区的虚拟漫游，使参观者沉浸在计算机建造的虚拟世界中，时而在空中鸟瞰全园盛景，时而在林中聆听莺歌雁鸣，时而在宫中把玩玉器名瓷，从而深切地了解一代名园的俊秀雄奇。

第三，利用增强现实技术对园中一些重要景点进行实地虚拟重构，借助特殊显示设备将虚拟对象与真实环境融为一体。参观者戴上可透视的头盔显示器，就能看到准确叠加在废墟景点上的三维模型，从而使精美绝伦的原型和残破不堪的废墟形成对比，让参观者产生触目的印象和深刻的思考。

将增强现实技术运用在文物古迹数字重建方面，实现了高新科技与历史文化遗址的完美融合，使公众在参观文化遗址的同时能够欣赏其原貌，为公众提供了更具沉浸性的参观体验。

（二）扩展文物展示信息

多年来，博物馆长期采用"玻璃柜加说明词"这种单一的展品展示形式，导致博物馆与参观者之间缺乏一定的互动性。参观者往往进行走马观花式的参观，很难通过展品的陈列深入体会展品所表达的历史，也很难对展品留下深刻的印象。针对这一问题，相关研究人员正在探索更具教育意义的展品陈列方式，即尝试采用增强现实技术进行博物馆文物展示。目前，我国关于增强现实技术在文物展示方面的研究还处于探索阶段。

杜凤仪于 2009 年首先分析了基于标记物的视觉跟踪方法与无标示物的跟踪方法在文物展示中的应用，其次探讨了适合文物展示的用户界面与基于手势识别技术的交互方法，最后采用可用性分析原理进行效果评估，得出了可用性的结论。

美国自然历史博物馆于 2012 年开发了名为 "Beyond Planet Earth Augmented Reality" 的 App，该 App 以太空探索为主题，内容涵盖太阳系、月球、火星等。用户在参观过程中将移动终端设备的摄像头对准展厅中的 "11AR" 标记即可以获得相应的讲解短片。

Metaio 公司与德国国家博物馆于 2014 年合作开发了基于增强现实技术的文物展示 App。该 App 能够增强博物馆的交互性，显示艺术品的原始情形，强调重要细节信息，揭示隐性信息，对比展品的过去与现在。该 App 搭建了艺术展品与人们数字化生活之间的桥梁，使参观者的参观体验更加丰富多样。

增强现实技术丰富了博物馆文物的展示形式，从"玻璃柜加说明词"的陈列方式转变为通过增强现实技术，将文字、音频、视频和 3D 模型等多种形式结合起来的展示方式，扩展了文物展示信息，为公众提供了更加丰富的多感官互动体验。

（三）博物馆导览

北京理工大学的钟志鹏在王涌天教师的指导下于 2011 年开发了基于移动增强现实技术的博物馆导览系统，并对该系统的两大主要功能——展品识别和跟踪注册进行了实验，实验结果表明该系统是可行且实用的。此项研究对之后的相关研究具有一定的指导意义。

东京水族馆与博报堂（Hakuhodo）公司于 2013 年合作开发了一款基于移动设备的增强现实导览应用程序"Penguin NAVI"，该应用程序主要采用 GPS 定位技术，以小企鹅的形象作为虚拟导游对游客进行线路引导。游客通过该应用程序，将手机摄像头对准眼前的真实环境，便能看见一群可爱的企鹅出现在道路上带领游客走向目的水族馆。增强现实技术，与 GPS 定位技术相结合能够为游客参观博物馆提供线路指导。与传统纸质导览相比，增强现实导览更加生动有趣，其强交互性也使博物馆导览更加具有灵活性。

（四）丰富参观者参观体验

增强现实技术在博物馆中的应用不仅仅是为参观者提供展品知识，为参观者提供更具丰富性的参观体验同样重要。增强现实技术能够为参观者提供更多的感官体验，让参观者置身于现实中而又产生超越现实的体验感。MU-KAI Takeshi 公司于 2012 年基于 iOS 平台开发设计了一款名为 ARART（中文名：让名画动起来）的增强现实 App，它能够将原本静态的世界名画以动态形式展现给参观者。例如，当参观者将手机的摄像头对准《戴珍珠耳环的少女》这幅画作时，手机经过图像识别之后，使用者便能够在手机上看到画作的动画效果。

美国坦帕科学工业博物馆也采用了增强现实技术，该应用采用增强现实技术为参观者提供了前所未有的博物馆参观体验。参观者站在图像识别区，通过应用程序技术识别便可以与北极熊、恐龙等进行"亲密"接触。

增强现实技术为博物馆增添了生动有趣的活动内容，加强了参观者与展品之间的互动体验，丰富了公众的参观过程，进一步增强了博物馆对公众的吸引力。

三、博物馆 DVR 模式分析

数字化视觉再现（digital visual representation，DVR）模式包括数字化和视觉再现两大构成要素。数字化指应用方式，视觉再现则是最终呈现的视觉效果，即利用数字技术实现博物馆文物资源和相关产品的创意展示。

20 世纪四五十年代以来，随着声、光、电等重大科技成果的诞生，信息传播具备了多样化媒介，在推动博物馆功能进步的同时，其发展趋势也随之发生转变。受当代社会环境影响，博物馆 DVR 模式也相应发展成以教育为主要目的，同时富于娱乐性和创新性的新模式。

（一）教育导向模式

随着第二次工业革命的展开，传统生活生产方式发生巨大转变，科技进步使文化影响力逐渐增强，博物馆教育随之走向社会公众，开始坚持历史文化遗产为全民所有，代表现代开放性博物馆时代的来临。在此影响下，博物馆告别了文物资源的单向展示方式，功能由收藏、展示为主逐渐转变为以教育为主，以期满足社会公众日益增长的文化需求。此后，逐渐出现了以教育为导向的文物资源"再现"设计。但受限于科技发展水平，当时的博物馆多以官方网站作为 DVR 模式。例如，卢浮宫博物馆于 1995 年进行官方网站建设，为公众提供文物藏品的数字化展示，以图像实施"再现"，主要为静态平面展示，即利用照相机、扫描仪等设备对文物藏品进行拍摄、扫描，并借助图像软件进行数字化复原、合成与艺术处理。早期的设计构思和设计方法均由博物馆自发进行，结构通常较为简单。

（二）娱乐导向模式

时代生产力特征通常会影响文化及艺术特征。现代科技手段为博物馆提供了必要的技术条件，增强了博物馆的探索与创新能力。动态模型、图文数字化系统等应用逐渐被运用至博物馆中，突破了原先以"解释"为主的传统展示方式，博物馆开始关注参观者的体验与感受。换言之，博物馆作为教育机构，通过娱乐、休闲手段激发参观者兴趣，更有助于保证参观者信息接收的有效性与持续性。以东京地震博物馆为例。馆内不仅设置了图像、视频等数字化展示，还为参观者设置了一间模拟地震体验室，"再现"地震场景。在参观者体验过程中，还将其真实反应和行为进行拍摄记录并实时反馈，工作人员随即进行正确示范。显然，这种亲身体验的方式比单向文字、图片的信息输出更具娱乐性与教育性，有助于博物馆从传统的"教"转变为引导参观者"学"。

娱乐导向模式也被陆续应用于我国国内各大博物馆，如首都博物馆教育互动区——七彩坊。该区域为家长和儿童提供软陶制作、年画印制、京剧脸谱绘制等项目，巧妙地将传统文化渗透于互动娱乐项目中，不仅有效把握了儿童认知成长需求，还激发了儿童探索传统文化的兴趣，使其更好地融入博物馆活动中。

在这一阶段，博物馆不再单纯依赖数字技术，而是更注重展示内容与形式的统一。明确传播目的，提高参观者获取知识和信息的效率，寻求新型互动展示与传统静态展示之间的平衡才是核心所在。

（三）创新导向模式

近年来，博物馆展示、教育、娱乐等功能因现代科技的进步而得到了全方位释放。在此背景下，人工智能、AR 和 VR 等技术逐渐受到博物馆关注。由此，博物馆开始尝试建立数字展厅、虚拟漫游平台等先进数字应用。例如，伦敦博物馆推出"Streets of London"街景应用，使用者可通过智能手机摄像头对特定地点进行扫描，屏幕将显示该场景发生的历史事件和相关图像，旨在营造历史与现实相融合的效果。新加坡亚洲文明博物馆开发了一款综合游览系统——"千秋帝业：兵马俑与秦文化"，参观者通过智能手机便可获取兵马俑模型的3D立体展示，从而充分理解秦文化等相关历史知识。上海世博会展出《清明上河图》，综合运用多种数字技术实现了画中人物的动态展示，成功地"再现"了古代汴京的市井生活，令参观者身临其境。除此之外，"数字敦煌""虚拟故宫"等项目也代表博物馆正朝着创新创造方向发展，彰显了中国新时代博物馆独特的品牌价值。

得益于数字技术的进步和博物馆工作理念的转变，此时的博物馆展示内容与形式逐渐向艺术化、情境化以及互动化方向发展。同时，充分调动参观者的积极性，引导参观者主动探寻历史文化遗产背后所蕴藏的内涵，促使博物馆更加多元化、人性化，推动了数字化建设向更广阔的方向发展。

第二节　增强现实技术背景下的博物馆数字化视觉再现发展趋势分析

一、强调参观者体验

当前，博物馆已逐渐完成从以"物"为中心向以"人"为中心的转化，强调参观者体验并引导参观者主动参与已经成为现代博物馆策展过程中的首要考虑因素。良好的体验有利于促进参观者更好地理解相关历史文化知识，融入博物馆展示氛围。

（一）展示内容

由于参观者需求和动机各不相同，因此面对同样的展示内容和方式，其体验也存在一定差异。为此，多数博物馆尝试并制定了更具指向性的主题展览。例如，面向儿童、青少年开展教育型展览，或针对研究人员开展历史研究型展览等。这种针对性方式在很大程度上满足了不同需求和层次的参观者，使其能够于短时间内精准获取相关信息，是博物馆进行策展准备时应当着重分析研究的。由此，博物馆需深入挖掘参观者的内在需求，对其所期望的内容进行精准分析。另外，还应及时反馈、记录参观者体验，总结其形成过程及主要影响因素，并据此策划最佳展示内容。

（二）展示形式

博物馆以完善和提高公众文化水平为己任，要真正意识到参观者体验是影响博物馆传播效果的重要因素，若只强调"物"的展示而忽略"人"的体验，会导致展示活动无法达到预期效果。目前，大多数博物馆都引入了相关体验型展示设备，如语音导览、多媒体触摸屏、全息投影等，参观者可通过对设备的在线操作获取相关信息。除此之外，大多数博物馆还自主研发了基于移动智能设备的应用程序，旨在使参观者获取更多历史文化知识。这种融合了参观者所熟悉的设备数字化展示方式，在一定程度上能够增强参观者体验，这也是目前大多数博物馆中较为通用的方式。

二、注重互动式效果

互动内容和互动体验是参观者与文物资源进行情感沟通的桥梁，博物馆工作者已经认识到这一点，并开始实施内在和外在兼具的互动项目，极大地提升了博物馆传播内容的深度和广度。

（一）外部环境的"互动"

目前，许多博物馆已经开始利用主流社交平台，积极推进线上、线下一体化建设，传播形式愈发生动、鲜活，甚至使历史人物与公众进行"对话"，进而传播相关历史文化知识，有效地拉近了博物馆与社会公众的距离，扩大了博物馆的社会号召力。创新的意义在于如何解决眼前困难，而非凭空创造。正如博物馆与社交媒介的融合发展，对传统模式中的"被动接收"而言，此时的博物馆更贴近参观者，更具人性化，不仅能打破参观者和传统展示模式之间缺少沟通的障碍，建立起良好的互动关系，还能对文物藏品乃至背后历史内涵的原生价值和再生价值的发挥起到重要的促进作用。由此，博物馆还应继续转变思路，扎根于馆藏资源，并充分利用自身优势积极开发创意内容，以取得全方位互动效果。

（二）内部环境的"互动"

一些大型博物馆借助自身优势，策划出极具互动性的创意展览，让参观者在特定情境或特定环节中完成与博物馆的沟通协作，实现了参观者从"走进"博物馆到"走近"博物馆的转变，使其全身心地享受博物馆文化。一些博物馆也开始尝试利用AR技术。作为博物馆数字化建设中的"工具"，该技术并非要取代实物展示,而是在传统基础上对实物加以利用、改造。AR技术背景下的现代化模式促进了参观者与文物资源之间的实时互动,不仅如此,在文物资源得到有效诠释的同时,也对其起到了一定的保护效用。

克利夫兰艺术博物馆利用互动屏幕,通过提供互动的游戏或是活动,让参观者发现相关的展品。参观者面对"雕塑互动屏幕"模仿藏品所摆出的"姿态",博物馆姿势识别系统会自动识别,将其与博物馆藏品进行匹配,对应的藏品照片和相关历史信息会一并在屏幕上呈现出来。互动游戏"画一条线"则是当公众在"1930s 互动屏幕"上画一条线时,系统将从馆中 20 世纪 30 年代创作的 422 件展品中,找到涵盖了这条相似线条的画作并在屏幕上显示该画作的延伸信息。当人们将自身和博物馆展品及其背后的历史建立起情感联系时,自然而然就会激起对展品的求知欲。博物馆传统展示方式是无法给予参观者这种与展品如此生动、有趣的互动体验的。

三、结合现代科技与跨界合作

近年来,博物馆因现代科技的进步而不断被重新定义。"互联网 +""智慧博物馆"等理念驱动着博物馆不断尝试利用新技术,积极寻求跨界合作,目前已取得良好效果,在整体上呈现出蓬勃发展之势。

(一)文物资源展示

博物馆新型数字化展示平台初具雏形。谷歌 Project Tango 平台、云观博 AR 智慧导览系统、百度 AI 博物馆计划等一系列现代科技的应用,推动了博物馆功能的有效拓展,驱动着博物馆不断创新创造。除此之外,《国家宝藏》等主流节目的宣传使社会公众对历史文物有所改观的同时,也使 AR 技术、VR 技术、AI 人工智能等现代科技出现于公众视野中,被越来越多的博物馆所重视,为历史文化遗产的可持续发展提供了有力的技术保障。

(二)文创产品开发

目前,许多博物馆已经开发出大量极具历史内涵、美学价值和实用功能的文创产品,且类型更加多元化。故宫博物院与北京稻香村\国家博物馆与肯德基\上海博物馆与迪士尼等跨界合作的案例层出不穷,已取得显著成效。此外,AR 月历、AR 明信片、AR 故事本等文创产品也深受公众喜爱。跨界合作方式提升了博物馆的传播力与影响力,满足了社会公众对历史文化的物质需要。因此,有效利用 AR 技术,积极探索跨界合作发展方式,是今后博物馆文创产品开发的必然趋势,也是未来博物馆数字化建设的必经之路。

第三节 增强现实技术背景下的博物馆数字化视觉再现设计原则

一、传承性原则

博物馆是传统文化的守护者,更是传统文化的传承者,这是博物馆进行数字化建设的工作前提。作为文化空间和教育场所,博物馆的一切活动都是为了文物资源的保护、传承以及对社会公众进行历史文化知识的普及。因此,应保证展示内容的连续与稳定,以凸显博物馆在新时期传承与推进历史文化过程中的重要作用。

(一)传承文物资源

守护文物资源是博物馆的重要职责,不能过分追求"互动感"而忽略了对文物资源的保护原则。无论是实物、图像、视频等传统展示,还是AR技术等新型数字化展示,对于博物馆而言,这些都只是展示方式的延伸,其本质还是基于对文物资源的传承职责。由此,博物馆须合理利用AR技术的再现功能,在有效保护、传承文物资源的前提下,开发更高质量的数字化展示内容,形成智慧型、创新型发展模式。

(二)传承地域文明

当今,博物馆已经在社会、文化、经济乃至生态建设中占有特殊地位,肩负着重要使命。本书所探讨的博物馆类型主要为综合类博物馆,大多以各地区自然资源、历史资源和文化资源为主题。因此,只有把握本地核心文化,深入挖掘馆藏资源,有针对性地提取历史元素并深化内容特色,才能有效地传承地域文明,从而带动相关文创产业发展,并增强参观者对本地历史文化的归属感与亲切感。

二、功能性原则

功能性是博物馆面向参观者进行策展活动的基本条件,展示的内容和方式若只考虑外观、形式等表层因素，忽略实际效用，则难以达到良好的展示效果。AR技术促使博物馆突破了传统模式中空间、时间、语言、人员等方面的限制，在表达展示内容和环境的同时，还可以及时传递、更迭并实时修改信息。要合理利用AR技术遵循功能性原则，还需要博物馆充分考虑当前内部结构层次，结合馆藏文物特点，采用整体设计、分步实施的操作思路进行数字化建设。

（一）展示方式的功能性

综合运用数字技术、空间设计、陈列设计等方式烘托展示内容，革新展示方式，以推动社会公众共享文化成果。本书所探讨的AR技术具备虚实融合的互动特征，可通过文本、图像、模型、动画等元素实现文物资源的视觉再现，能够有效地把握参观者的心理特征和兴趣特点，使其在博物馆内获得更加灵活自由的参观体验。

（二）展示内容的功能性

遵循功能性原则，不仅展示方式要具备功能性，更重要的是展示内容要具有实用价值。文物资源在本质上是广义的历史信息载体，如一件陶瓷文物不仅反映了当时的生产水平和工艺特点，还表达了当时的社会风貌和社会意识。因此，将已损坏、已消逝和难以展示的文物"再现"给参观者，或将实物展示无法诠释的内容以数字化形态植入AR应用中，能够帮助参观者更加深入地了解相关历史信息，并有利于增强参观者的文化体验，从而全面提升博物馆展示内容的文化价值与文化功能。

三、创新性原则

博物馆发展的变化伴随着时代以及整个社会环境的变化，中华民族历史文化遗产的多样性，必然带动博物馆多元发展的趋势，创新则是指引博物馆持续发展的动力所在。2018年，由ICOM株式会社公布的国际博物馆日主题为"超级连接的博物馆：新方法、新公众"，可见当代博物馆已经将"新"作为发展定位，更加强调利用创新手段驱动博物馆发展。

（一）深入挖掘馆藏资源，开发新内容

中华民族历史文化遗产种类齐全、内容丰富，是数字化建设过程中的重要开发源泉，也为AR虚拟内容提供了创作基础。应结合AR技术制定核心

主题，深入挖掘文物资源的历史内涵与艺术价值，不断开发参观者喜闻乐见的展示内容，以此迎来博物馆发展的新提升和新改变。

（二）革新传统展示方式，利用新技术

博物馆发展存在一定的阶段性差异，这与其所处时代的生产力水平有直接关系。数字技术是博物馆创新发展的重要辅助工具，将大力推进博物馆的数字化建设。当前，AR技术正处于快速发展阶段，相关软硬件技术、设备日渐完善，尤其是在文物遗产的数字化保护和开发方面已获得显著成果。博物馆更应紧随时代发展，积极尝试新技术，力求在数字化建设道路中作出新的改变。

第四节 增强现实技术背景下的博物馆数数字化视觉再现的设计方法与流程

一、AR技术背景下的博物馆DVR设计方法

构建设计方法须针对博物馆核心文化内涵，遵循传承性、功能性和创新性原则，以开创文物资源的新内容、新方式为目标。在具体实施过程中，主要采取中心化、模块化和系统化三个步骤，以实现文物资源从实体形态向虚拟形态的转化。首先，深入分析参观者需求和AR交互需求，坚持以"人"为中心的核心理念；其次，对文物资源进行全面评估与分类，划分博物馆展示载体，植入AR视觉再现基本思想；最后，进行整合研究，设计开发框架并指出三大开发需求，以此构建AR技术背景下的博物馆DVR创新开发模式。

（一）中心化——以"人"为中心的核心理念

中心化，指围绕一个中心（需求）的设计方法，在此可引申为博物馆以"人"为中心的核心发展理念，即围绕参观者进行一切活动的开发。当前AR应用在博物馆中逐步普及，促进了极具互动感的文化空间的营造。AR技术为博物馆提供了先进的互动技术支持，拓宽了博物馆数字化建设的路径。面对当今飞速发展的数字化时代，博物馆应始终坚持以"人"为中心的核心理念，合理利用AR技术，以满足参观者的多样化需求，进而提升博物馆公共

文化的服务品质。

1. 参观者需求分析

教育、传播历史文化知识是博物馆的职责所在，但其与常规教育形式有所不同，博物馆属于非正式教育场所，是更加自由的环境。无论是可移动文物、不可移动文物还是文化创意产品，都应提高相关展示形式的普适性，以创造出公众喜闻乐见的文化内容。因此，对参观者内在需求的深入挖掘，是博物馆实施策展活动的核心要素和前提条件，以确保参观者能够沉浸在博物馆文化氛围中，主动领悟相关历史文化知识，从而扩大博物馆文化传播的范围与影响。

2. AR 技术的交互需求分析

在 AR 应用中，也须保证虚拟内容以"人"为中心，在此方面要求系统设计的交互流程须考虑到参观者当前的认知范畴和行为习惯。同时，在可控范围内，使 AR 技术提供更广阔的交互范畴，包括环境在内的所有虚拟内容应满足自然特征，并在特定场景下增添隐喻效果和"可探索性"元素。

第一，自然特征。这就要求 AR 虚拟内容的交互设计应符合参观者使用习惯，并尽可能与真实物体的自然特征保持一致，以保证虚拟和现实之间的连贯性。此外，当参观者对相关控件进行操作时，交互效果应按照预期方式实时反馈，延迟或卡顿等现象都会极大地影响参观者的体验效果。第二，隐喻效果。由于 AR 技术更贴近真实世界，适当增添隐喻效果将会使虚拟内容更加生动。这就需要博物馆在应用 AR 技术时，加入"可探索性"元素，如互动游戏、互动"寻宝"、分享交流等功能。在保证展示活动有序进行的前提下，合理利用隐喻手段，更有助于提高参观者对文物资源的兴趣度和对 AR 应用的满意度。

(二) 模块化——划分博物馆展示载体

模块化设计，是指将产品元素组合在一起，构成具有特定功能的若干元素。通俗来说，是指解决问题时自上而下地将问题进行细分。博物馆文物资源丰富，质地、体积、功能和维护方式各有不同，相对应的开发方式也不尽相同。由此，须将文物资源载体化，划分不同类型的展示载体，并将文物资源以三维模型、视频、图像等方式进行数字形态转化，形成 AR 虚拟内容，并导入各个类型的载体中。以下按照文物资源的类别将博物馆展示载体划分为可移动文物类型、不可移动文物类型和文化创意产品类型。其中，可移动文物类型和文化创意产品属于物质载体形态，不可移动文物类型属于空间载体形态。每一类型的展示载体均包含若干细分形态。

大多数博物馆都以可移动文物为主，如书画、陶瓷、器皿等。不可移动文物多为古迹，一般来讲，博物馆内常见的如古墓葬、古建筑等多为仿真场景或复制品，从严格意义上来说，不属于不可移动文物，但却具备不可移动性。而关于文创产品的开发，目前也是博物馆重点发展方向之一。通过植入AR视觉再现基本思想，可有效完成以上三类展示载体由实体形态向虚拟形态的转化。需要注意的是，在AR技术背景下，虚拟内容与通俗意义上的文物数据有所不同，通俗意义上的文物数据主要是出于对文物资源保存、存储的目的所进行的数据采集，而虚拟内容是基于AR实时跟踪注册的文化标签数据，包括像素、色彩、图形、尺寸等。因此，虚拟内容设计须符合AR技术特点，以适应不同类型的展示载体。

对可移动文物载体植入AR视觉再现基本思想，一方面源于博物馆展示内容受物理空间所限，另一方面则出于传统数字化手段无法对全部藏品进行充分展示。此方法能有效增强博物馆对可移动文物藏品的数字化展示、复原与再现，从而促进博物馆展示、教育和传播功能的进一步提高。在不可移动文物载体中实施AR视觉再现，能够利用AR技术实现文物古迹的数字化重构。基本思路在于将AR虚拟内容与文物古迹的实体形态进行虚实融合。例如，对古人类生活遗迹进行AR虚拟内容的创作，通过3D虚拟角色、场景等方式重现古人类生活场景，或将古建筑以3D模型搭建的方式在已损坏、已消逝的遗迹场景中实时复原展示，完成建筑遗迹的数字化重建。此方法有助于加深参观者对文物景观的理解与记忆，并实现参观者与AR虚拟内容的实时互动，从而增强参观者对不可移动文物的历史体验感。

在博物馆文创产品载体中实施AR视觉再现的核心目标在于突破实体产品的"容量"限制。目前，实体文创产品多以装饰品、纪念品、文具或小型生活用品为主，所承载的历史文化知识有限。基于此，将相关历史文化知识以AR虚拟形态植入实体产品中，可增强博物馆文创产品的历史文化内涵。AR技术可有效强化博物馆文创产品的信息承载功能，从而提升博物馆文创产品的文化价值，使其走向更广阔的文化消费市场，彰显博物馆品牌魅力。

（三）系统化——构建博物馆DVR开发模式

如何对历史文化遗产进行充分、合理的展示，使原先"摸不着"的文物资源转化为文化产品，保证博物馆数字化建设能够发挥最大效用，还需要设计一套行之有效的创新开发模式。这就要求博物馆在结合传承性、功能性和创新性原则的基础上，充分考虑参观者需求并严格划分博物馆展示载体，以中心化、模块化方法分步执行。在此基础上，以系统化方法进行整合，即采用特定方式对已有设计任务进行归纳和集中，对博物馆进行全面、系统的调查与评估。结合上述核心需求和展示载体的分析结果，以下将进行整合研究，旨在构建 AR 技术背景下的博物馆 DVR 创新开发模式。

在博物馆特定范围内，以框架作为研究对象，既能发挥系统思维优点，又能降低思考难度。构建开发模式须满足以下三大需求。

1. 宏观需求

这是构建创新开发模式的首要条件，要求博物馆对馆藏资源进行全面、系统的盘查，充分掌握各类型文物特点，从宏观角度对数字化开发和利用进行合理策划。宏观需求还体现在划分博物馆展示载体方面，无论是可移动文物、不可移动文物还是文创产品，都应尽可能发挥 AR 技术的实际效用，实现历史文化遗产的展示与再现，提升参观者的感知与体验，推动 AR 文创产业发展，从而带来良好的文化效益与经济收益，形成全方位的动态传播模式。

2. 原真需求

一方面，原真需求要求在尊重历史的基础上，实现 AR 虚拟内容的设计，对文物资源进行最真实的视觉呈现；另一方面，DVR 开发模式的核心思想依托于对文物资源的保护，可将相关应用放置于特定环节，以达成"再现"目的，实现文物资源的有形化与情境化。除此之外，还应考虑适当的变化性，以应对不同场景的不同需求。变化性意味着不受时空等物理因素的限制，能够帮助参观者更高效地掌握相关信息，这也是 AR 技术的独特之处。

3. 一致需求

在人的认知、习惯范畴内，从一个阶段上升到另一个阶段的过程中，需要外部力量进行适当引导，因此两个阶段之间应具有连续性。

AR 技术作为新兴科技，目前并未完全普及。因此，在参观者对相关应用功能不了解的情况下，博物馆应帮助其建立"心智模型"，在基础操作控件层面应尽量与原先的设计规范保持一致，更多地延续现有规则。此外，还需关注参观者体验的一致性，即信息、功能和操作等方面要保持一致，具体包括文字、结构、色彩和反馈等元素。在具体实施过程中，可从细微处开始调整并逐步完善，以确保参观者的使用体验，展示活动的整体效果，最终帮助参观者完成向新型参观模式的过渡。

二、AR 技术背景下的博物馆 DVR 设计流程

在对博物馆实施中心化、模块化和系统化设计方法后，还需以视觉化的方式构建设计流程。对于参观者来说，在面对新型应用时，最直观的便是视觉效果，以下将详细论述设计流程。

（一）AR 规范设计

规范设计的目的在于确保 AR 应用及相关产品能够最大程度上发挥预期效果，这也是博物馆与参观者之间信息交流和分享的基础所在。

1. 实时反馈

AR 技术强调实时性，延迟反馈在一定程度上会影响博物馆的参观流程，造成参观者对相关应用的认知错误。实时反馈保证参观者可直接与虚拟内容进行交互并直观看到效果，可帮助参观者产生较强的操纵感并沉浸于参观过程中，更具现实意义。

2. 环境相容

环境包括真实环境和虚拟环境，和参观者是相互融合的关系，这二者需时刻围绕着参观者需求。虚拟环境可分为二维数字化和三维数字化两种形式。其中，二维数字化主要包括文本、图片、线条、图形等，三维数字化即三维模型、三维场景、三维动画和三维特效等。无论是二维还是三维，都要与整体环境相容，以提高博物馆参观的沉浸感，减少无关信息影响。此外，还要尽可能地符合参观者在真实环境下的行为和反馈，以便于加深参观者对 AR 虚拟内容的理解。

3. 美学考量

美学考量并不代表通俗意义上的美观，而是体现为 AR 虚拟内容的设计是否符合真实环境的需求。例如，在游戏或娱乐属性强的应用中，使用极简化界面会大大降低用户的兴趣度；而在博物馆这类研究型应用中使用极简化

设计能够使参观者迅速获取与目标文物相关的历史知识、信息，提升对当下参观任务的参与感。营造 AR 系统的美学特点，不仅需要考虑二维数字化中的颜色、字体和形状等平面因素，也应对三维数字化中的材质、光影等空间属性进行充分考量。

（二）AR 虚拟内容设计

虚拟内容的质量是影响参观者积极性的关键因素，内涵丰富、设计美观的虚拟内容能够使参观者更加积极地投入博物馆文化氛围中，并产生强烈的记忆。因此，在内容设计时，需对目标文物的核心要素进行精准分析。作为博物馆 AR 应用的视觉补充，这一流程是基于 DVR 设计方法的展示主体。以下将结合情境设计和再现设计阐述 AR 虚拟内容的可视化设计流程。

1. 情境设计

情境设计是博物馆数字化展示中的重要方法。在展示过程中，情境的呈现对博物馆、参观者与展示内容三个核心要素起着重要作用。真实合理的情境可促进参观者快速融入展示氛围中，有效调动参观者的主动性，更加有利于展示活动的顺利进行。

AR 技术作为博物馆展示媒介，也是实现数字化建设任务的整合呈现者。利用 AR 技术的交互性，在特定情境下，参观者可遵循个人意愿随时调整参观路径与方式。因此，博物馆须强调真实情境的创造，在进行虚拟内容的设计时，选择最贴近目标文物原生背景的情境。此外，情景设计还须注意与参观者知识经验的契合度，要使其能够自然融入情境之中并有效理解展示内容。

2. 再现设计

在 AR 技术背景下，再现设计是对文物资源以及文创产品进行形象和逻辑的重构，使其更加生动、有趣且易于理解。再现是最终呈现的视觉效果，是参观者面对 AR 应用及相关产品的直观感受。这不仅仅是对已破损或已消逝的文物进行模型搭建等再现设计，还包括图片、文本、声音等元素，其核心思想在于对真实环境的"增强"而非完全覆盖。作为艺术创作方式之一，再现设计应更多地考虑文化传承与表达。因此，可通过再现设计复原文物资源的实体形态并进行相关延伸设计，使原先孤立展示的文物重新建立起与历史的联系，这有助于参观者更加理解其背后所代表的历史文化内涵，从而加强博物馆展示内容的叙述完整性。

（三）AR 系统开发

1. 图像采集

图像采集需要对目标文物进行测量，为后期模型搭建与缝合提供数据基础。在采集过程中，还应为模型的材质筛选提供参照，注重图像细节处理，如像素、清晰度和分辨率等参数。高质量图像在后期搭建模型时能够作为底片参照，有利于在最大程度上恢复文物原貌。另外，影响图像质量的因素还包括曝光、对焦、景深以及设备平稳度，在这些方面须特别注意。

2. 建立数据库

在完成图像采集后，应及时整理、分类并建立数据库，这有利于提高目标文物与 AR 虚拟内容之间的匹配效率。在对二维数字化内容进行设计时，应保证相关文本信息、图像以及视频的准确性与严谨性，并按照不同信息类型归纳、整合。在搭建三维数字化内容的过程中，则须严格把控模型的大小、长宽等参数，以保证模型与目标文物之间的契合精准度。此外，还须考虑文物造型结构的不同，应对相应文物模型进行分类存储，并及时调整结构细节和绑定相关信息，以保证显示内容符合原真需求。

3. 选取图像标志

图像标志对博物馆 AR 视觉识别至关重要。以移动智能设备为例。摄像头在对目标文物进行扫描后，会将生成的图像传输至识别系统中，可精确到对位置、状态、运动变化等具体细节的捕捉，最终形成设备上显示的虚拟内容。可采用人工标识物方法，利用二维码识别和捕捉文物特征。其基本流程如下：第一，在真实环境中设定好人工标志物体；第二，通过摄像头获取相关识别特征；第三，进行实时网络筛选与匹配；第四，将虚拟内容上传至设备并实时显示。

4. 界面创建

在进行界面创建时，要充分考虑相关历史文化，准确把握目标文物的特征并提取设计元素。例如，针对可移动文物类型的信息简介界面，可使用简化设计，使参观者迅速获取相关知识，提高参观效率。此外，界面的指示信息应简洁明了，保证参观者可直接使用界面图标进行选择并操作，获取实时反馈，以此提升参观体验。

参考文献

[1] 冯丹阳，施济光. 展示空间设计 [M]. 沈阳：辽宁美术出版社，2016.

[2] 徐力. 展示空间设计 [M]. 石家庄：河北美术出版社，2014.

[3] 矫克华. 展示空间设计 [M]. 成都：西南交通大学出版社，2011.

[4] 熊阳漾，余俊. 展示空间设计 [M]. 北京：中国青年出版社，2019.

[5] 吕慧娟，向晓航. 展示空间设计 [M]. 合肥：合肥工业大学出版社，2018.

[6] 傅昕. 展示空间设计 [M]. 上海：上海人民美术出版社，2015.

[7] 黄建成，刘如凯. 历史·空间·媒介——湖南省博物馆陈列展示设计图集 [M]. 长沙：湖南美术出版社，2003.

[8] 林福厚，马卫星. 展示艺术设计 [M]. 北京：北京理工大学出版社，2017.

[9] 吴云一. 新博物馆学语境中的当代博物馆建筑设计 [M]. 上海：上海人民出版社，2016.

[10] 丁俊. 艺术设计类专业"十三五"实践创新系列规划教材 主题博物馆展陈设计 [M]. 西安：西安交通大学出版社，2016.

[11] 李祯晏. 非遗博物馆互动体验展示设计研究 [D]. 西安：西安理工大学，2021.

[12] 印妍. 专题博物馆体验式展示空间设计研究 [D]. 石家庄：河北科技大学，2021.

[13] 陈方圆. 记忆空间活化在博物馆空间展示设计中的应用研究 [D]. 西安：西安美术学院，2021.

[14] 杭进峰. 当代博物馆空间构成与展陈模式的整合设计研究 [D]. 广州：华南理工大学，2020.

[15] 赵烽至. 展示空间中导视系统的设计应用研究 [D]. 西安：西安建筑科技大学，2020.

[16] 张书淼. 叙事学视角下博物馆展示体验设计研究 [D]. 南京：南京林业大学，

2020.

[17] 林龙. 基于情感体验的博物馆展示空间设计研究[D]. 桂林：广西师范大学，2020.

[18] 李家姮. 地域文化语境下的展示空间设计研究[D]. 济南：山东建筑大学，2020.

[19] 欧阳瑾. 基于沉浸体验的湘潭博物馆人物专题馆展陈设计研究[D]. 湘潭：湘潭大学，2020.

[20] 李佩. 粮食文化展示空间设计研究[D]. 郑州：河南工业大学，2020.

[21] 罗静. 成都自然博物馆展示空间设计研究[D]. 成都：成都理工大学，2020.

[22] 王凤博. 地质博物馆展示空间设计[D]. 沈阳：沈阳建筑大学，2020.

[23] 穆容冰. 基于空间叙事学理论的博物馆空间设计研究[D]. 沈阳：鲁迅美术学院，2019.

[24] 李诗佳. 博物馆展示空间设计中主题情感的空间营造与表达研究[D]. 沈阳：鲁迅美术学院，2019.

[25] 毕赫. 民族博物馆展示空间中的文化符号应用研究[D]. 沈阳：鲁迅美术学院，2019.

[26] 王欢. 博物馆展示空间灯光设计的三个维度[D]. 杭州：中国美术学院，2019.

[27] 韩彬彬. 博物馆展示设计中的情感交互设计研究[D]. 长沙：湖南师范大学，2019.

[28] 蔡安妮. 基于电影建筑的展示空间设计研究[D]. 南京：南京林业大学，2019.

[29] 王佳佳. 易读表达 悦读之解[D]. 杭州：中国美术学院，2019.

[30] 张晨玮. 益智性体验设计在服装博物馆展示空间中的应用研究[D]. 大连：大连工业大学，2019.

[31] 何雅晖. 主题博物馆空间体验设计研究[D]. 石家庄：河北科技大学，2019.

[32] 陈宸. 空间语义化下地质博物馆展示设计的情境营造研究[D]. 长沙：湖南师范大学，2019.

[33] 张梦轩. 博物馆展示信息传播方式研究[D]. 西安：西安建筑科技大学，2019.

[34] 李瑞清. 策展之"展示"与"凝视"[D]. 徐州：江苏师范大学，2018.

[35] 方怡文. 基于认知心理的展示空间光环境研究[D]. 南京：南京林业大学，2018.

[36] 王文婷. 博物馆展示设计的视觉传达语言研究[D]. 长春：吉林艺术学院，

2018.

[37] 丁孟舟. 汽车博物馆展示空间叙事性设计研究[D]. 南京：南京航空航天大学，2018.

[38] 王芬. 传统造纸技艺非遗展示空间设计路径[D]. 长沙：长沙理工大学，2018.

[39] 林倩. 非物质文化遗产主题展示空间设计研究[D]. 重庆：四川美术学院，2018.

[40] 徐铭颐. 提取与转化——文化专题类展示空间的可视化研究[D]. 南京：南京艺术学院，2018.

[41] 孙金龙. 缪斯之叙——博物馆叙事空间的视觉设计研究[D]. 北京：中央美术学院，2018.

[42] 毛韦嵌. 历史类博物馆空间氛围的研究[D]. 沈阳：沈阳建筑大学，2018.

[43] 马园. 互动体验对展示空间环境的影响研究[D]. 济南：山东建筑大学，2017.

[44] 沈忱. 交互理念下的展示空间设计研究[D]. 沈阳：沈阳建筑大学，2017.

[45] 高鹤元. 基于线性元素的锡伯族博物馆展示空间设计[D]. 大连：大连工业大学，2017.

[46] 澈丽沐格. 专题博物馆"体验式"展示设计研究[D]. 呼和浩特：内蒙古师范大学，2017.

[47] 张一然. 基于视知觉原理的博物馆建筑空间流线研究[D]. 长沙：湖南师范大学，2017.

[48] 王哲. 博物馆展示空间中的体验性设计研究[D]. 沈阳：鲁迅美术学院，2017.

[49] 刘丹. 公共展示空间的体验式设计研究[D]. 杭州：中国美术学院，2017.

[50] 李佳一. 从展场到展览——中国当代艺术博物馆展览空间研究[D]. 上海：上海大学，2017.

[51] 孟祥健. 展示空间动态性特征研究[D]. 天津：天津大学，2017.

[52] 刘梦楠. 博物馆展示空间设计中地域文化元素的渗透与表达[D]. 哈尔滨：哈尔滨师范大学，2016.

[53] 刘家兴. 主题型科普展示空间设计研究[D]. 北京：清华大学，2016.

[54] 王放. 科技类博物馆互动空间设计研究[D]. 武汉：湖北工业大学，2016.

[55] 周腾. 体验式展示空间设计研究[D]. 长沙：湖南师范大学，2016.

[56] 崔昊中. 互联网交互理念在博物馆设计中的应用[D]. 保定：河北大学，2016.

[57] 刘婧姣. 数字媒体技术影响下的展览建筑空间设计研究[D]. 沈阳：沈阳建筑

大学，2016.

[58] 刘亚. 基于低碳设计理念的博物馆展示设计研究 [D]. 天津：天津理工大学，2015.

[59] 王子嘉. 博物馆展示空间形式的探索 [D]. 沈阳：鲁迅美术学院，2015.

[60] 孟祥琛. 交互设计在现代展示空间中的应用 [D]. 曲阜：曲阜师范大学，2015.